地域創造研究叢書
No.28

下出民義父子の事業と文化活動

愛知東邦大学地域創造研究所=編

唯学書房

はじめに──下出父子研究の拡大

中部産業史研究会事務局　　森　靖雄

学際的研究活動の経過

　愛知東邦大学「中部産業史研究会」では、2001 年度の研究会創設以来、おおむね 20 世紀前半期の中部地方における産業の発展を「人」の視点から検討してきた。この研究は、愛知東邦大学のご理解も得て、所属大学を問わず、また研究専業者であるかどうかに関わりなく、こうした研究に関心がある方々の集まりとして運営してきた。その成果は、各自が持ついずれの発表機会でも自由にご発表頂けることにし、実際にいくつかの大学紀要などにも報告されたが、大半は、愛知東邦大学地域創造研究所が半年ごとに唯学書房から発刊している「地域創造研究叢書」に、まとめて発表されてきた。

　この研究会では、数ある中部産業・経済界の支え手の中でも、どうした理由でか今日取り上げられる機会の少ない事業家に注目し、それらの方々の発掘に力を入れてきた。そうした中でも特に注目してきたのが、東邦学園の創設者であり、20 世紀初頭の中部の基盤的産業に多角的に関わった下出民義と、その長男である下出義雄の業績であった。そうした研究成果は「地域創造研究叢書」に反映し、最初は下出民義と同時代に、いわゆる名古屋財界でかかわりがあったと推察された方々の業績を取りまとめ、叢書 02『**近代産業勃興期の中部経済**』（2004 年 9 月 30 日）、続いて、下出義雄に重点を移して検討し、その成果は叢書 13『**戦時下の中部産業と東邦商業学校──下出義雄の役割**』（2010 年 3 月 31 日）として公表した。

下出義雄所蔵資料の再発見

　この叢書 02 と叢書 13 の間に、2007 年に下出義雄が遺した約 14,000 点の資料が学園内で再発見され、愛知東邦大学地域創造研究所が整理を任された。再発見資料の大半は、昭和戦前期の書籍・雑誌・産業・経営関係の各種発刊物であった。下出義雄の詳しい紹介は別の機会に譲るが、事業家であると同時に、第 2 次大戦中には政治家でもあったという経歴を反映して、戦時下に作成された「㊙」「軍秘」などの印鑑が押された文書も数十点含まれる、稀有な資料集積であった。

　この資料は、学内の関係教職員のほか、名古屋市史や愛知県史の「近代」研究者

や、民間の近代史好きの方々のご協力も得て、同年の夏休みに集中的に整理と目録取りをおこない、それを東邦学園の職員が仕事の合間に片端からパソコンに入力するという、ボランティアの結晶のような作業の結果、2008年7月には『**東邦学園下出文庫目録**』と題する印刷目録が発刊でき、希望される方々に差し上げた。

　この発刊と同時に、「東邦学園下出文庫」と名付けた下出義雄旧蔵資料は全面公開し、広く利用に供し始めた。その結果、これまで資料不足に悩まされていた下出義雄研究の対象資料が一挙に増え、この研究会で報告される内容も、格段に多様化した。また、主に大学祭の文化活動として、年1回ずつ「下出文庫ミニ資料展」と銘打った、数十点から百数十点規模の資料展と同文庫資料にかかわる研究シンポジウムを定期的に開催した。

共同事業家・福澤桃介への関心

　こうした資料研究の蓄積とともに、当然のことながら研究対象も拡大し、とりわけ、一時期、下出民義と共に中部の諸産業に尽力した福澤桃介の事業と中部における新産業の展開に関心が集まった。これは、ほぼ月例の形で研究報告会を重ねて検討し合い、その成果を叢書18『**中部における福澤桃介らの事業とその時代**』（2012年9月1日）にとりまとめた。

　その間にも「東邦学園下出文庫」の資料がこつこつと調べられて次の研究テーマに結実していくが、その経過を報告するために、この文庫名を説明しておく必要がある。

　下出義雄旧蔵資料が東邦学園へ寄贈された前後の1965年4月に、東邦学園短期大学が開設された。その蔵書として寄贈資料から書籍1,900冊ほどが選抜され、「下出文庫」の名称で同大学図書館に収蔵された。今回再発見された資料はいわばその残りである。東邦学園短期大学はその後閉校されて、図書館の蔵書は愛知東邦大学（正確には、当初の校名は東邦学園大学）に引き継がれ、今も「下出文庫」の名称で公開されている。そうした事情から、これと区別するために「東邦学園下出文庫」と名付けたものである。後でやや詳しく紹介するが、「下出文庫」は東京大学（社会学教室所管）にもあり、それと区別する必要もあった。

「下出書店」の解明と既存研究の修正

　こうした経過もあって中部産業史研究会の関心は再び下出義雄に向かい、とくに

東大にも「下出文庫」があることにも関連して、下出義雄の東京在住時代の研究課題や思想形成にも関心がもたれた。彼は、神戸高等商業学校卒業後、東京高等商業学校専修科に進んで、約2年間、社会政策学の我が国の草分けであった福田徳三のもとで学んだ。同時に、それと並行して「下出書店」を創業し、1921年と1922年の2年間に56冊の新刊書を出版するという驚くべき出版活動をした直後、翌1923年9月の関東大震災で居宅も倉庫も焼失して、そのまま廃業するという短命な書店を経営した。短期間の経営であったにもかかわらず、出版した書籍群がその後の日本の学界に与えた影響は大きく、「哲学の岩波、社会政策の下出」と呼ばれるほどの貢献を果たした。

　この経過は先に挙げた『戦時下の中部産業と東邦商業学校―下出義雄の役割―』にあらすじ程度は紹介していたが、研究会メンバーの朝井が丹念に再調査し、次々と修正・補充成果を報告して関心を引いた。下出書店の発行人は「下出義雄」であるが、上記の集中的発行時期には、本人は父民義に呼び戻される形で名古屋へ戻り、次々と新旧企業の経営を任されつつあった時期で、本人が書店経営の実務をしたとは考えられない条件下にあり、実務担当者が誰かは不明のままであった。また、再調査されるまで「下出書店」は関東大震災で消滅したと考えていたのが、その後も（日本）社会学会の最初の機関誌であった月刊『社会学雑誌』の発行元として存続し、発行人が義雄の弟の「下出隼吉」に変わって維持されていることも明らかになった。

『明治文化全集』と東大「下出文庫」

　この下出隼吉は、名古屋の明倫中学校卒業後、慶應義塾で学んだあと東京帝国大学文学部へ進学した。同大学で助手時代から社会学会の創設にかかわり、とくに会計と庶務、機関誌の編集者を兼ねた学会事務局を担当して、父・民義の資金援助も得ながら同学会の創設期を支えたが、35歳で急逝したという経歴の人物である。隼吉の存在と活動内容は当研究会でも時々話題になり気になる存在ではあったが、直接「産業」に関わらない分野であり、意識的に避けていた。ところが下出書店との関連で調べるうちに、研究会の中心メンバーの一人である高木が、『下出民義自伝』に「吉野作造らに頼まれて資金を出した」と簡単に述べられている『明治文化全集』の中に、下出隼吉が編集・解題を担当しているものがあり、それが高い評価を得ていることを発掘した。そこで、『明治文化全集』も調べなおす必要があると

いうことで、本書に収録した高木論文がまとまった。

　一方、この間に当研究会の代表が森から愛知東邦大学の教員寺島雅隆に交代し、下出隼吉との関連を調べる必要もあって、寺島と森で懸案であった東京大学の「下出文庫」を調査し始めた。この調査は、その後も 3 次まで 7 人の調査班を派遣して、ほぼ蔵書構成を調べ終えた段階である。同文庫は下出隼吉が関東大震災以後に改めて買い集めた資料の主要部が収蔵されているというのが、当研究会の見解である。なお、寺島はこの調査のあと体調を崩して現在は休会状態になっており、現在、当研究会の代表は研究所長でもある山極完治が務めている。

『東邦商業新聞』活用方法の模索

　以上のような経過でまとめたのが、今回の叢書 28『下出民義父子の事業と文化活動』（2017 年 10 月 25 日）の第 1、2 章である。第 3 〜 5 章では、主に下出義雄の諸事業でこれまでにまだ手を付けていなかった分野の研究成果をまとめている。真野論文は『東邦商業新聞』の分析結果である。『東邦商業新聞』は戦前の中等学校新聞としては群を抜く本格的な新聞で、まだ確証はないが東京高等商業学校新聞をモデルに編集されていたと伝えられ、専属の編集者も置いて発行されていた。第 2次大戦中に新聞統制で一般新聞は次々と廃刊を余儀なくされた。『東邦商業新聞』も例外ではなかったが、1940 年 10 月に 111 号をもって終刊するまで発刊され続けた。

　この新聞の詳細な分析によって、戦時下の思想統制の経過や公式立場での限界はあるものの、戦前・戦時下の実業教育の実態や下出義雄の思想性が読みとれるのではないかと期待している。しかし、原物が傷みやすい状態であり、今回は、触れる担当者を絞って全容をまとめて貰った。こうしてまだ概要ながら『東邦商業新聞』の解明が進むにつれて、多角的な分析の必要性が強まったので、300 ページ近い全ページをデジタル版で公表できないか、大学と協議しつつある。

新しい視点での下出義雄研究

　下出義雄の幅広い活動のユニークな事業の一つに「八重垣劇場」の創建がある。木村論文では、伊藤次郎衛門祐民らと図って「名古屋文化を高める」意気込みで創設したとされる八重垣劇場について、広範な資料調査結果がまとめられた。同劇場は、のちに松竹映画会社の経営下に入り 1960 年代まで存続したが、その所在地は

南外堀であった。これがどこから移転したのかははっきりしなかったが、初期の住宅地図ともいうべき名古屋の手書き地図からその場所を確定することができた。併せて、実際にこの劇場の映画選定や劇場経営にあたった人物も特定された。

中村論文では、戦前、初出場初優勝以来、常勝校の一つとして注目された東邦商業学校野球部のいわゆる「東邦野球」にメスを入れた研究である。これまでほとんど論じられたことがなかった競合校と較べた野球部運営の違いや、「東邦の強さ」の秘密に迫るなど、従来の「下出（義雄）校長の野球好き」論を超える、戦時下の中学野球そのものの分析にも踏み込んだ内容でまとめられた。

下出義雄研究については、『東邦商業新聞』などの新しい資料も反映させて、本叢書の次号で『**(叢書 29) 下出義雄の社会的活動とその背景**』を準備中である。これには、下出義雄が、社会政策研究者として、教育者として、同時に軍需工場経営者として、多方面で活躍した、時代背景や当時最新であった「社会政策学」の潮流、クリスチャンと大政翼賛会役員の両立など、これまでまだ取り上げてこなかった分野についても研究のすそ野を広げている。

中部産業の基盤となった電力、鉄鋼産業開創の再検討

第 6、7 章では、これまで 15 年にわたって続けている下出民義研究を、引き続き深めた論文を収録した。青山論文は、福澤桃介の中部地方における事業の土台となった木曽川水系の水力発電事業に関する新しい知見のほか、のちに現在の大同特殊鋼（株）に発展する、余剰電力利用事業としての製鋼業の誕生に至る経過を収録した。福澤桃介の依頼を受けた寒川恒貞の新規事業選択経過を解明し、製鉄を経て製鋼に至る試行錯誤や、寒川本来の業績であった高圧送電の成果を再検討した。

寺沢論文では、青山とほぼ同じ経過をその「現場」である木曽川電力と、日本最初の電気製鋼に成功した大同電気製鋼所木曽福島工場で行われた研究開発について、電気事業の分野から再検討した結果がまとめられた。

以上に述べたように、中部産業史研究会の研究対象は、最近数年間で「産業史」の枠を超えて発展しつつある。ところが、次々と新ダネが出てくる下出義雄について、まとまったものがなく、各自がバラバラな資料を渉猟して研究を重ねているのが実情である。そうした事態を改善するために当研究会では、2017 年度から 2 年間の予定で、『**下出義雄資料集**』の編集に取り組むことにした。2019 年度にはその成果が報告できる予定である。

目　　次

はじめに──下出父子研究の拡大　iii

第1章　下出隼吉の生涯　1
Ⅰ　はじめに　1
Ⅱ　下出隼吉の生涯　2
Ⅲ　おわりに　19

第2章　『明治文化全集』と下出隼吉　24
Ⅰ　下出隼吉と吉野作造　24
Ⅱ　『明治文化全集』と吉野作造　27
Ⅲ　明治文化研究会と下出隼吉　28
Ⅳ　社会思想の言葉の使われ方と経路への関心　30
Ⅴ　『下出隼吉遺稿』の上版　32

第3章　昭和戦前期における下出義雄の活動と思想
──東邦学園所蔵『東邦商業新聞』を手がかりとして　34
Ⅰ　はじめに　34
Ⅱ　教育事業への傾倒　35
Ⅲ　欧米視察とその影響　37
Ⅳ　戦時下における政治活動への挺身　39
〈資料紹介〉東邦学園所蔵の『東邦商業新聞』について　41

第4章　八重垣劇場誕生とその時代　49
Ⅰ　八重垣劇場誕生前後　49
Ⅱ　八重垣倶楽部　51
Ⅲ　八重垣の由来　52
Ⅳ　モダン映画館　53
Ⅴ　中京財界と労働者大衆　54
Ⅵ　下出義雄と映画の因縁　55
Ⅶ　石巻良夫という人物　56
Ⅷ　名古屋銀行集会所　56
Ⅸ　異色の経営者下出義雄　57
Ⅹ　高級映画ファンのメッカ　58

XI　上映作品ラインナップ　59
XII　戦時中の青春と自由　61
XIII　戦後の下出義雄　63

第5章　東邦商業野球部の黄金時代と野球統制　64
I　東邦商業野球部の発足　64
II　野球統制令の施行　68
III　文部省の統制から愛知県の野球排撃へ　71
IV　おわりに　76

第6章　寒川恒貞による水力発電開発と電気製鋼事業の草創　78
I　水力発電所建設と電気技術者への道　78
II　四国地方での新たな2つの水力電源開発　83
III　名古屋電灯の電気製鋼事業への展開　88
IV　おわりに　100

第7章　木曽川電力と大同電気製鋼所木曽福島工場の変遷　105
I　木曽川電力株式会社の沿革　105
II　木曽川電力株式会社の概要　108
III　大同電気製鋼株式会社福島工場の沿革　109

愛知東邦大学　地域創造研究所（紹介）　113
執筆者紹介

第1章　下出隼吉の生涯

朝井　佐智子

I　はじめに

　下出隼吉（1897 〜 1931）の名前は、社会学史を学んだことがある人が耳にするぐらいで、ごく一部の人にしか知られていない存在である。

　下出隼吉（以下、隼吉と記す）は、1897（明治 30）年に生まれ、1931（昭和 6）年に 35 歳の若さで亡くなった社会学者である。学者として優れた多くの研究を生み出したばかりでなく、教育活動や日本社会学会の設立運営の尽力、明治文化研究会での活動などにおいても重要な役割を果たした人物である。しかし、隼吉を評価し取り上げるのは依然として一部の研究者にすぎない。川合隆男が『近代日本社会学者小伝』「日本社会学史研究の開拓者」[1]、「下出隼吉の社会学史研究——日本社会学史研究における断続と継承」[2] によって功績を論じているものの、隼吉の論文の引用は、少数にとどまっている。

　筆者は、兼ねてから隼吉がどのような人物であるかという評伝的なものを書き記したいと考えていた。これまで隼吉は「日本社会学史研究の開拓者」の一人として位置づけられながらも、隼吉の思想や言動が議論の俎上に上がることはあまりなかった。それは隼吉の評価が低いためではなく、単に認知度不足という理由からきているのではないかと考えている。だからこそ隼吉の人物像や足跡を明らかにすることが必要であり、それによって社会学分野で隼吉の思想や業績が理解されていく大前提になっていくことを期待できるであろうということからである。

　今回この筆者の希望を聞いた青山正治[3] 氏のご紹介で、ご令息・幸雄氏（以下、幸雄と敬称を略す）にインタビューさせていただくという幸運な機会に恵まれた。

　幸雄は、1924（大正 13）年 10 月生まれの隼吉の長男であり、生前の隼吉の姿を目にした唯一の生き証人である。幸雄の経歴を簡単に紹介する。東海中学を卒業後、戦後の 1947（昭和 22）年 3 月愛知県立工業専門学校（現・名古屋工業大学）金

属工学科に進学する。1948（昭和23）年4月同校助手、名古屋工業大学助手と教育、研究に携わる。1951（昭和26）年4月大同製鋼株式会社へ入社し、1963（昭和38）年再び教育界に戻り、大同工業短期大学講師、大同工業大学の教授を70歳まで勤め上げた人物である。

　隼吉が亡くなった時、幸雄はまだ6歳であり、ほとんど記憶がないとのことであった。しかし、隼吉の忘れ形見である幸雄に対して、両親の民義・あい夫妻、兄の義雄、妻の朝子を始め、多くの人々が思い出話を聞かせてくれたとのことである。聞き取りに伺った当時は92歳[4]という高齢のため、どの程度のお話が聞けるのかと心配ながらに伺ったが、全くの杞憂に過ぎなかった。穏やかな口調で、丁寧に記憶をひとつひとつ思い起こすように話される姿に、心配自体が申し訳ない気持ちになった。幸雄の「真面目」に話される姿に、一度も会ったことのない隼吉ではあるが、面影を彷彿させてくれるようであり、隼吉にインタビューをしているような錯覚さえ感じさせてくれた。

　ただ、逆に聞き手としての筆者の未熟さもあり、十分に幸雄の記憶を記録しきれているかという点の方が心配である。この大切な記憶を資料として紹介することこそ、隼吉の偉業をも浮かばれるのではないかと感じている。そこで、出版物や資料を中心に幸雄へのインタビューを交えながら、貴重な歴史が埋もれないように、隼吉についての記録を残しておきたい。

Ⅱ　下出隼吉の生涯

1　少年期

　隼吉に関する経歴は、隼吉の没後に出版された『下出隼吉遺稿』（以下『遺稿』と記す）「哀悼編」[5]において「下出隼吉君之年譜」という形で紹介され、その後、川合隆男の『近代日本社会学者小伝』「日本社会学史研究の開拓者」、「下出隼吉の社会学史研究——日本社会学史研究における断続と継承」によってその功績が論じられている。これら先人の業績を基盤とし、幸雄のインタビューを交えつつ、簡単に歩みを振り返っていきたい。

　隼吉[6]は、1897（明治30）年2月14日下出民義（1861-1952、以下、民義と記す）[7]の次男として生まれている。明治30年といえば、日清戦争の勝利をきっかけに日本がアジアの一等国の仲間入りを果たし、造船・鉄道・軍事などの鉄鋼需要

に応えるべく、官営八幡製鉄所の建設が福岡に決定した時期でもあった。父・民義、兄・義雄（1890-1958、以下、義雄と記す）が株式会社電気製鋼所（現・大同特殊鋼株式会社）の事業に関与し、鉄鋼業に身をおくようになるのはここから約20年後のことである。

　兄の義雄は、1890（明治23）年に生まれており、民義・あい夫妻にとっては隼吉が7年ぶりの子宝であった。生まれた場所は、愛知郡熱田町（現・名古屋市熱田区内田町）とある [8]。この地は、父・民義が有限会社大阪石炭商会を辞め名古屋に移り住み「愛知石炭商会」を開業していた地でもある [9]。「愛知石炭商会」は、当初は九州炭を仕入れ、名古屋紡績、尾張紡績、愛知セメントなどに販売することを生業としていた。特に、それまで利用されていなかった粉炭を紡績用燃料として利用することによって販路を拡大し、商売も軌道に乗せつつあった。父・民義の「愛知石炭商会」での奮闘もあって、隼吉の幼少期は後述するように健康上の問題はあったが、比較的裕福な生活を過ごすことができたのであろう。

　熱田町の住居は「愛知石炭商会」の店舗と建物は別であったが、同じ敷地内に有していた。生まれたばかりの隼吉の健康を考えてのことか、店舗は熱田町に置いたまま、住居は下茶屋町（現・名古屋市中区正木町、伊勢山町）[10] に移転している。名古屋城南の那古野神社の側にも茶屋四郎次郎の屋敷にちなんだ「茶屋町」（現・名古屋市中区丸の内）という地名がある。「下茶屋町」はこの「茶屋町」と区別するために名づけられた地名で今の東別院の東側の下茶屋公園あたりではないかと思われる。長屋が多く建ち並ぶ一角で下出一家は生活を営むことになる。

　1903（明治36）年、名古屋市立園町尋常小学校に入学する。園町小学校は、下園町、現在の御園小学校あたりである。下茶屋町から本重町（現・名古屋市中区錦）[11] に自宅を移したのはこの頃であろう。下茶屋町から園町尋常小学校に通うのは幼い隼吉にとっては少し過酷である。本重町からの距離であれば、隼吉は苦も無く小学校に通えていたであろう。

　1905（明治38）年に園町尋常小学校から名古屋市立白川尋常小学校第三学年に転校する。ここで再び転居があり、南大津町に移ったと考えられる。南大津町の住居は父・民義が最も長く住まいとした場所である。現在の松坂屋の北側、大和屋漬物店の東側である。隼吉の死後、朝子、幸雄親子がこの地に戻り、民義と同居することになるのは、南大津の自宅である。幸雄の記憶によると南鍛冶屋町二丁目三番地という住所である。

また「下茶屋町に住居したのは従来の通りだった。その後住居を本重町に変え、さらに本重町から今の南大津町へ来た。此の南大津町へ来て始めて自分の家に住むこととなったのである。明治39年頃のことであった」[12] と父・民義も下出一家の住居が、下茶屋町から本重町、そして南大津町に転居したと述べており、隼吉の小学校転校の経緯とも一致する。

その後隼吉は、1907（明治40）年、名古屋市立第三高等小学校に入学し、1910（明治43）年に第一学年（高等小学校学年改正）を修業する。隼吉の小学校の学歴はいささか複雑であるので少し説明を加えておきたい。「従前は義務教育である尋常小学校（四年制）を卒業して、高等小学校に進み、その第二学年を修了後中学校、高等女学校に進学していた」[13]。これに対して明治40年小学校令の改正によって、義務教育六年制へと変更されたのである。隼吉は、四年制から六年制へのまさに小学校令改正の過渡期にあったと言える。そのため、名古屋市立白川尋常小学校を修了したあとに再び名古屋市立第三高等小学校を修了することになった。

余談ではあるが、1894（明治27）年生まれの江戸川乱歩（本名・平井太郎）は1901（明治34）年白川尋常小学校、1904（明治38）年第三高等小学校に入学している。2学年上級生として同じ課程で小学校に通っており、多少の面識はあったのかもしれない[14]。

1910（明治43）年4月、隼吉は、私立明倫中学校に入学することになる[15]。この頃は、名古屋電灯と名古屋電力の合併問題が浮上し、父・民義が福澤桃介（1868-1938）に株の購入を勧めていた時期である。福澤桃介は福澤諭吉の娘婿で、"日本の電力王" と呼ばれた人物である。名古屋電灯、大同電力、白山水力、矢作水力、電気製鋼所、木曽電気製鉄、愛知電気鉄道、名古屋桟橋倉庫など多くの事業で手腕を発揮し、その後名古屋の経済界をリードするようになる。この活躍の陰には事業上の協力者としての父・民義の活躍があったからこそである。

福澤桃介の名古屋進出は、電灯普及初期における名古屋電灯と名古屋電力との過当な市場争奪戦が発端であり、民義の仲介で福澤桃介の資金を導入して両社を合併させる形で解決した。その代わり、新しい名古屋電灯株の半分を福澤桃介が所有する結果になった。名古屋電力は、奥田正香や兼松熙ら実業家が地元資本を集めて設立した電力会社であり、一方の名古屋電灯は尾張藩士族が士族授産事業として始めた電力会社であった。名古屋電灯、名古屋電力のどちらにとっても福澤桃介も民義も身内の関係者とは言えず、閉鎖的な名古屋財界にとっては大阪から進出した民義

第1章　下出隼吉の生涯　　5

も、東京から進出した福澤桃介も「余所者」であった。

　隼吉の入学した明倫中学校は、旧尾張藩主徳川義礼が1899（明治33）年に尾張藩校「明倫堂」を継承し、東白壁町16番地（現・名古屋市東区白壁二丁目）に設立した私立中学である。生徒は、旧尾張藩士や有力者の子弟が多く通う学校でもあった。

　まさに名古屋電灯と名古屋電力の合併問題が世間を賑わせている時期に、民義の息子である隼吉が明倫中学校の生徒となったのである。当事者の子息が多く通う学校に入学したとなるとなかなか馴染みづらい環境であったのではなかろうか。しかし無事に5年という修業期間を終え、1915（大正4）年3月卒業する。

　お互いに知己であったかどうかは不明であるが、豊田佐吉の息子であり、トヨタ自動車の創業者である豊田喜一郎もこの私立明倫中学校の三年先輩である。

2　青年期

（1）療養

　中学校を卒業したのちの進路について、父・民義がどの程度期待し、関心をもっていたかを記したものはない。ただ兄の義雄が、神戸高等商業から東京高等商業（現一橋大学）に進んだということを考えると隼吉にも進学を期待し、高等教育を受けさせることを望んでいたのであろう。

　しかし、私立明倫中学校卒業後の1915（大正4）から1917（大正6）年までの間、年譜上では喘息の療養のため2年の空白がある。喘息とは「気管や気管支が各種の刺激に対し反応性が亢進している状態で、臨床的には呼吸困難、咳、喘鳴となって現れ、気道の広範な狭窄が自然に、あるいは治療により変化する疾患」である[16]。現代では、アレルギーによる「免疫反応」としての治療が進歩しているが、大正期は近代医学の時代になったとはいえ、喘息はわからない病気、治らない病気と考える時代が未だに続いていた。自律神経の病気と考える人、ホルモンの病気と考える人、気道の過敏性の病気と考える人など、実にいろいろな考え方が出てきた。室内の空気汚染が要因の一つともなると言われるようになったのはこの頃である。当初「愛知石炭商会」店舗と住居を同一敷地内に構えていたため、生まれたばかりの隼吉は粉炭の舞い散る場所で暮らしていた。未だ原因不明の喘息で苦しむ隼吉の姿を父・民義はどのような心もちで見ていたのだろうか。そうなると民義の隼吉への思いは計り知れないものであっただろうということは想像に難くない。

6

　隼吉の喘息発作は、療養後も苦しまされる存在として続いていたようである。幸雄も幼い頃に隼吉と遊びに行った思い出話として「成田三里塚の皇室御料牧場に連れて行ってもらった時に、隼吉がぜんそくの発作をおこしたのですが、『さびしいから帰ろう、帰ろう』と言って困らせた思い出もあります」と述べている。結婚後も幸雄誕生後も、隼吉の喘息発作は回復することはなく、絶えず不安を抱えながら生活することになる。

（２）慶應義塾予科へ
　療養によってこの時期は喘息発作も小康状態を保てるようになったためか、慶應義塾予科への入学という形で学業生活に戻る。慶應義塾予科とは、専門学校令に準拠し、予科二年本科三年の課程として整備されたものである。学習は語学から入り、英書で、地理、物理、歴史などを学び、前日に教師が講義したものを暗誦するという学習方法だったとある [17]。当時の学制では帝国大学に入るためには、教養学部を修了する必要があった。そのため、慶應義塾予科に入学したものと考えられるが、この慶應義塾予科もわずか４か月でやめてしまう。
　それには二つの理由が推測できよう。一つが、２年の療養で喘息がどの程度回復したかは不明であるが、不慣れな東京生活は、療養明け直後の隼吉には過酷だったのかもしれない。もう一つが帝国大学への進学を目指したためと考えられよう。帝国大学の入学資格は旧制高等学校卒業者のみに与えられていたと言ってもよいほどであった。「慶應義塾では、1890（明治23）年に設置された大学部を1903（明治36）年に公布された専門学校令に基づき37年には予科２年、本科３年の学校にしていたが、帝国大学以外は大学と認められず、制度的に差別されていた」とある [18]。このまま、予科から本科に進学したとしてもなかなか学問上の功績は認められないのが慶應義塾の予科であった。そのため方針を変更し、旧制高等学校から帝国大学への進路を目指したということもあり得るであろう。
　ただし、1918（大正７）年に新高等学校令（勅令第389号）が公布されて、1919（大正８）年からは新制度に移行する。その内容は「高等学校を高等普通教育の完成機関とすること、官立の他、公私立を認めること、尋常科四年、高等科三年の中高一貫の七年制を本体とすること。文・理に分けること、第二外国語を随意科とすること等が盛り込まれており、これらはすべて小松原文相期に構想されたものの実現と言える」 [19] とある。隼吉が慶應義塾予科を辞めたのは1917（大正６）年のこと

である。私立も高等学校と法的に認められるようになる大変革のあとであったら、どのような進路をとっていたであろうか。ちなみに、隼吉の弟の重喜は慶應義塾に進学し、卒業生である。

（3）第八高等学校入学

　隼吉は 1917（大正 6）年、第八高等学校（以下、八高と略す）に入学した。八高は、1908（明治 41）年、岡山の第六、鹿児島の第七に続いて、最後のナンバースクールとして開校した旧制高等学校である。「東海地区が高校不在と気づいた愛知県と名古屋市の猛烈な誘致運動による」[20] 待望の旧制高校設立であった。当初は名古屋市東区外堀町の愛知一中の跡地で開校し、1909（明治 42）年 12 月からは、愛知郡呼続町大字瑞穂（現・名古屋市立大学滝子キャンパス）の新校地に移転した[21]。隼吉が籍を置いたのは、この呼続の校舎ということになる。隼吉の自宅は、前述のように南大津にあり、八高までは通学可能であった。しかし、八高の学則 52 条では、「新ニ入学シタル生徒ハ特別ノ事情ニ依リ通学ノ許可ヲ受ケタルモノヽ外総テ学寮ニ入ルベキモノトス」とあり、全寮制が原則であった。隼吉の場合、体調を考慮すると特別の事情に該当するかもしれないが、名古屋電気鉄道を乗り継いで通うよりは、同一敷地内にある寮から通う方が負担も少ないので入寮したと考えるのが自然であろう。入寮した隼吉は、入学した 1917（大正 6）年に制定された寮歌「伊吹おろし」を今日の名古屋大学の学生同様に口ずさんだのであろう。

　入寮によって通学の困難さは省かれるとしても、喘息もちの隼吉にとってはたやすい学生生活ではなかったと思われる。八高の校風の一つとして山口拓史が「勤勉八高」[22] と表現しているように、勤勉さはとても重視されていて、出席に関しても厳しい条件が付されていた。八高生の出席率は、創設当初が平均 95％で、大正期以降も平均 94％程度でありかなり良好であったとされている[23]。隼吉の卒業 1 年後の記録になるが、1921（大正 10）年の「授業日数・時数は、第一学年が 194 日・平均 970 時間、二学年が 194 日・平均 968 時間、第三学年が 189 日・982 時間」とある。また、「授業に出席したとしても、試験等で振り落とされて、休学ではなく落第する生徒が 5 ～ 10％存在」したともある[24]。八高では単に出席をしていれば点数が取れるだけのものではなく、厳しい授業がなされていたのである。隼吉の成績は、入学時の記録はないが、第一学年は 39 人中 24 位、第二学年は 32 人中 20 位、卒業時が 31 人中 20 位との記録がある[25]。このような厳しい就学状況

8

と、体調のことを加味すれば、成績上位者とは言えないが、隼吉なりの努力のたまものだったのであろう。

　さて隼吉は、八高では一部丙類に学籍を置いていた。「学則第九條　入学志望者ハ其ノ入学後修業セントスル部類ヲ指定スヘシ指定スヘキ部類ハ左ノ如シ　第一部丙類　独語法律科、政治科、独語文科」とあり(26)、なかでも隼吉は文科を専攻していた。それゆえ当然のように卒業後の進路としては文系の帝国大学への進学を目指していたと思われる。残念ながら中部地方には、文系の大学は一校も存在しておらず、名古屋帝国大学は設立が1939（昭和14）年で、隼吉の卒業当時はまだ設立前であり、文学部のある愛知大学設立は戦後の1946（昭和21）年であった。八高生の出身地は愛知県が五割以上を占めているにもかかわらず、「開校から昭和十七年までの進学先を見ると、東大が4034人、京大が1656人」(27)で、愛知県から離れて進学するものが多かった。1920（大正9）年に卒業することになるが、隼吉も他の八高生同様に東京帝国大学への進学を目指すことになる。

3　成人期

（1）東京帝国大学入学

　果たして隼吉は、八高卒業後は、東京帝国大学に入学する。隼吉が入学した1920（大正9）年当時、帝国大学は、東京帝国大学、京都帝国大学、東北帝国大学、九州帝国大学、北海道帝国大学の5大学が存在していた。そのなかで、隼吉が進学先に選んだのは東京帝国大学であった。

　当時の旧制高等学校卒業者は、帝国大学への入学資格を与えられていたと言ってよいほど優遇されていた。八高卒業生である隼吉にとって、大学には選り好みをしなくても入学できる状態にあった。「東大の場合、明治30年から大正4年までの本科入学者の内訳は、旧制高校卒業生が88%、検定試験によるものが10%、その他2%となっている」(28)とあり、おそらく隼吉も無試験で入学できたと思われる。また、他の京都、東北、九州、北海道のどの帝国大学も同条件で入学可能であったはずである。しかし隼吉が選んだのは、東京帝国大学であった。ではなぜ隼吉が東京帝国大学を選んだかという点は様々な理由が考えられる。

　まずは、兄・義雄が東京に在住していたという安心感もあったであろう。前稿「下出書店に関する一考察」でも指摘してきたように、兄・義雄は「東京市神田区錦町三丁目十八番地」で、下出書店の経営者としても活躍していた。隼吉は年の離

れた兄・義雄を「兄上様」と呼び、相談事をもちかけるなど何かと頼りにしていた。その兄・義雄が身近にいる東京は心強く感じたのではなかろうか。

　また前述したように、八高の卒業生は、京都帝国大学ではなく、東京帝国大学に入学する学生が多かったということである。八高時代には全寮制の学生生活を通じて強い絆の仲間も多く存在したことであろう。体調上の不安がある隼吉にとっては、八高卒業生の仲間がいるという安心感も選択肢の一つになったであろう。

　しかし、最大の理由として、文系の大学、すなわち文学部のある大学を目指したかったからではないだろうか。ほとんどの旧制高校の学生が希望の大学に入ることができたことは前述したとおりである。八高では文科を選択していた隼吉は、文学部に進学したかったのではなかろうか。旧大学令以前のみならず戦前期を通じて、官立の高等教育機関（大学・専門学校）には、独立した「文学部」は、東京・京都両帝大以外には設置されることはなかった[29]。東北・九州帝大は「文学部」という独立したものはなく、法文学部が設置されていたが、九州帝国大学に至っては、設置時期は 1924（大正 13）年 9 月であり、卒業から 4 年も後になってのこととなる。すなわち、隼吉が進学しようと考えているころに、文系を学べるのは、東京・京都・東北の三つの帝国大学のみであった。東京帝国大学入学後の隼吉は、文学部社会学科を専攻する。となると文学部のなかでも社会学講座のある大学はというと東京と京都帝国大学のみとなる。もし、八高時代に既に社会学に興味があったとすると隼吉の選択肢のなかには東京帝国大学以外はなかったのであろう[30]。

　さて、隼吉は上京すると東京帝国大学（以下、東京帝大と記す）から 4km ほど北上した東京市巣鴨町 1200 番地に居住し、そこから大学に通うことになる。自宅のある「巣鴨」と東京帝大のある「大学赤門前」までは市内電車が走っており、電車で通学したことも考えられよう。また 4km 弱という距離であれば、当時の人にとっては徒歩圏内でもあり、40 分もかからずに歩いていたとも考えられる。

　東京帝大に入ってからどのような生活をしたのかが記されたものはない。しかし、よい友人に恵まれたということは間違いないだろう。どの程度、入学者から減っているかはわからないが、1920（大正 9）年 9 月の卒業名簿によると、18 名の同窓生がいたことになる。名前を挙げると、安斎保、池端栄、稲垣重厚、九条道秀、小山文太郎、近藤健、谷文一、張有桐、畑道雄、濱田清治、原不知雄、肥田精一郎、福場保洲、藤原勘治、松坂達雄、三橋逢吉、山澤為次、林履信[31] である。

　特に藤原勘治は、生涯にわたって友情を育んでいく仲となる。彼は、東京帝大卒

業後、1923（大正12）年東京日日新聞社（現毎日新聞社）に入社し、編集主幹、取締役西部本社代表となったジャーナリストである[32]。

隼吉が亡くなったとき、死亡広告が掲載されるが[33]、総代として名前が掲載されているのが、藤原勘治である。のちに隼吉の尽力で設立される日本社会学会から発行された機関誌『社会学雑誌』の編集は藤原勘治が担当することになる。1926（大正15）年9月までの『社会学雑誌』すべてが「編集者　藤原勘治、下出書店発行人　下出隼吉」のタッグで続いている。『遺稿』の「心友、下出君」[34]で友人の死に憔悴した様子からも隼吉と藤原勘治の親密な間柄をうかがい知ることができる。まさに二人は名コンビと名付けるのにふさわしい間柄であったであろう。

他にも数々の知友ができたのも東京帝大時代であった。『遺稿』では、恩師、先輩、後輩など数々の人が追悼文をよせる中で誰一人として、隼吉の悪評を書くものはもちろんいない。「隼吉君は君を知る限りの凡ての人によって惜しまれつゝ年歯若うして逝った」[35]と恩師・今井時郎は悲しみのなかでこの言葉を投げかける。今井の語った言葉こそが、多くの人々が率直に感じた気持ちでもあったであろう。

今後、隼吉の日本社会学会での功績は改めて記そうと考えているので、ここでは詳しくは述べないが、1924（大正13）年に「日本社会学会」を創設する。この「日本社会学会」で、林恵海、今井時郎、戸田貞三ら多くの賛同者や協力者を得ることができたのも、東京帝大時代の知己と隼吉の人柄によるものであった。藤原勘治が「この寡言で、周密で、無駄がなく、万事に手堅い感じを与へた下出君の性格なり行動こそ、単に資金的援助に止まらず雑誌経営、学会處理の中枢者として其後数年間に亘り、社会学会のために多大の貢献を遺されたものと信じます」[36]と述べているように誰からも信頼され、誰からも頼りにされる存在であった。

社会学科卒業の同期生は、その後社会学関係の講義で教鞭を執ることが多い人物ばかりである。日本の社会学の草創期には大きな役割を果たした者も含まれており、隼吉が日本社会学会で尽力するに際しては、東京帝大文学部社会学科の人々との繋がりは、とても大切になったのであろう。

（2）朝子との結婚と転居

東京帝大在学中に隼吉は、鉄川吉兵衛氏の次女・朝子と結婚する。妻の実家・鉄川家は、大阪船場の本町二丁目で蚊帳問屋を営んでいた。鉄川吉兵衛は、商売の才もあり、人情味あふれる人物であったようである。松下電器産業株式会社（現・パ

ナソニック株式会社）の創立者である松下幸之助が自転車屋で奉公していた時の思い出として、度々紹介するエピソード[37]がある。13歳の松下幸之助が、はじめて自転車を自分ひとりの力で売りに行った先が、鉄川商店であった。主人の許可なく値引き交渉をしたことを咎められるが、逆に鉄川の旦那は「おまえが五代にいる限り自転車は五代から買うことを約束しよう」と年端もいかない松下幸之助の商売に対する姿勢を評価する。松下幸之助は、商売は値段や品質も大切ではあるが、精神的な繋がりが大切であるということを紹介する時にいつもこのエピソードを引用している。このエピソードの鉄川の旦那が朝子の父親であり、隼吉の義理の父親なのである。「祖父の時代は、相当羽振りがよかったと聞いています。ふとん問屋をしていて、中国の天津に工場があったと聞いています。朝子の兄が引き継いだときに、倒産したそうです」[38]。幸雄はこの鉄川商店のことも母・朝子から聞いた話として紹介してくれた。

　その朝子との結婚が理由であると思われるが、それまでの住まい東京市巣鴨町1200番地から、東京市麹町区永田町二ノ一に転居している。この地は現在の首相官邸や、内閣総理大臣公邸などの建ち並ぶ官庁街であるが、隼吉の自宅が存在していたということは、にわかに信じがたい。しかし、同じ住所に、囲碁の日本棋院が大正期に所在していたという記述もあり[39]、現在の官庁のみの地域というより民間施設も建ち並ぶ地域であったことが推測できる。「昭和2～3年のころだったと今から考えるとそう思う。首相官邸の坂をおりたところに住んでいた。がけの下の小さな借家であったと思います。今まで住んでいた家は、名古屋に戻るときに売ったと聞いています」と幸雄もその時の自宅はおぼろげながら思い浮かぶとのことであった。「東京市麹町区永田町二ノ一」の住所は、もともとは佐賀藩主の鍋島藩邸跡にあった。藩邸ということもあり広大な土地だったようで、鍋島直泰が侯爵邸として使用している部分もあったが、その他の土地は借地として使用許可していたようである。そして、この一角に下出夫婦が転居してくることになるのである。

　隼吉の永田町の自宅は、国会議事堂から近いこともあり、父・民義もしばしば訪ねてくることがあったようである。父・民義は、1928（昭和3）年9月、森本善七の後を継ぎ多額納税者議員として貴族院議員に任命され、1947（昭和22）年5月の貴族院廃止まで長期にわたって議員を務めあげることになる[40]。幸雄も国会議員としての祖父民義の思い出として「民義が国会議員をしておりましたので、合間によく遊びに来ました。磯貝浩議員、この人は、熱田の魚河岸の理事長をしていた人

ですが、よく民義と一緒に遊びにきておりました」と話している。磯貝浩は、もともとは熱田の魚問屋の主人であり、民義同様、多額納税者議員として貴族院議員に任命され、東洋倉庫社長など名古屋の経済界でも活躍した人物である。民義の所属会派は政友本党であり、その一方で磯貝浩は、憲政会であった。違う会派の二人がいつも連れ立って遊びに来ることが多かったということは、少し微笑ましいエピソードでもある。

　民義は、国会が開催される場合は欠かさず議会に出席していたとの記述もある (41)。確かに、民義が欠かさず国会に参加したのは、議員としての職務を全うすることもあったであろう。しかし、名古屋から東京に隼吉を訪ねるという大義名分にもなったと思われる。合間や終わりがけに理由をつけて訪れることは病弱な隼吉を気遣うには絶好の機会であったのであろう。

（3）東京帝国大学大学院進学

　結婚生活も 2 年目を迎えた春、1923（大正 12）年、隼吉は「消費の社会的妥当性と其の基調」の論文提出で卒業し、大学院に進学する。学友 18 名のうち大学院進学者は、谷文一、九条道秀、原不知雄、福場保洲と隼吉の 5 名と社会学科以外からの転向入学と思われる秋葉隆が加わったメンバーであった (42)。

　九条道秀は五摂家の一つの九条家第 33 代当主でもあり、のちに貴族院議員を務める人物である。大学院まで修了し、その後どのように社会学に関わったかは不明である。

　谷文一は日本社会学会の機関誌『社会学雑誌』で 38 巻、39 巻に「英国に於ける貧民法発達の初期」の寄稿がある人物である。

　原不知雄は卒業論文が「社会の動因としての性欲、主としてモデゥティの研究」であったということ以外は不明である。

　福場保洲は、卒業論文が「社会結合と宗教」のタイトルであり、『社会思想の研究及批判』（高野町古義真言宗々務所社会課）、『日本宗教講座・講の研究』など宗教社会学の研究を中心に行っていく人物であり、「宗教と犯罪との関係に就いて」、「〈紹介批評〉勝水淳行著『犯罪社会学』」、「〈紹介批評〉ロス著『公民社会学』」、「義理に就ての一二の考察」、「〈紹介批評〉平泉澄著『中世に於ける社寺と社会の関係』」、「講社考」など『社会学雑誌』に多数の投稿もある。

　秋葉隆は帝国教育会、帝国教育会編『芸術教育の最新研究』（1924）に「藝術と

社會」の著述があり、『社会学雑誌』では、3巻「遊牧民の購買婚姻に就いて」、43巻「博物館巡礼」、44巻「博物館巡礼——ドイツの部」、45巻「ブルターニュの旅」、51巻「女国の多夫婚姻に就て」、57巻「"Intensive Method"に就て」、70巻「性の禁忌と其解放」と7編の投稿がある。

　大学院同期生の多くが日本社会学会の機関誌『社会学雑誌』に寄稿しており、隼吉の依頼によっての寄稿というケースもあったであろう。

　隼吉は、大学院進学と同時に、東京帝国大学文学部副手に任命される。『第八高等学校同窓会員名簿』[43]には、住所と職業が記載されており、1925（大正14）年11月30日現在では、「東京帝大文学部社会学研究室　副手」とあり、間違いないであろう。

　副手に任命された直後の7月、『遺稿』の「下出隼吉君之年譜」には「兵役、補充兵に編入される」とある。軍隊入隊のため副手の職を休職するという記録もなく、喘息を患っていた隼吉が、徴兵検査により軍隊生活をしていたのだろうかと首をかしげたくなる。しかし、「兵役、補充兵に編入される」とは、書類上のことであり、実際に入隊し、訓練を受けたわけではない可能性の方が大きい。一ノ瀬俊也が『皇軍兵士の日常生活』の中で「軍隊の定員の関係上、徴兵検査と抽籤によって選抜された一部の者のみを軍隊に入れて三年間の厳格な訓練を施し、除隊後も戦争が起これば召集して軍隊に呼び戻す。その一方で選に漏れた者たちは軍隊とあまり関係を持つことがないという、ある意味では不公平な状態が明治・大正期を通じて永く続いた」[44]と記述しているように、隼吉の場合「選に漏れた」兵役であり、全く軍隊と関係ない生活をしていたということも考えられる。それを裏付けるように、幸雄は、「一度も軍隊での生活の話は聞いたことがない」と話されており、この証言からも確かであろう。

（4）関東大震災と「下出文庫」

　1923（大正12）年9月1日午前11時58分に、相模湾を震源として発生した関東大震災は、横浜・東京一円に大きな被害を及ぼすことになる。隼吉の永田町の自宅も焼失してしまう。「神田に創始して出版もいろいろした。主に社会学会系統のものだが、文芸物や外国文学の翻訳類もあった。それが大正十二年九月の震災によって、永田町の隼吉宅も下出書店も全焼してしまった」[45]と父・民義が証言しているように、被害は隼吉のみではなく、兄・義雄も拠点としていた「東京市神田区錦

町三丁目十八番地」の下出書店所在地も焼失してしまったようである。この時の隼吉は、おそらく途方にくれたのに違いない。『遺稿』の「下出隼吉君之年譜」に「火災に会い参考書類が焼失する」との一文がある。隼吉が直接記述したものではないが、わざわざこの一文が年譜に記されるということから鑑みると、参考書類が焼失したことの無念さがいかほどであったかは想像できよう。逆にその無念さがばねとなったのであろうか、「下出君は先づ明治時代に於ける社会学文献の蒐集に着手せられ、之と同時に社会主義に関する著作及其普及の調査研究にも着手せられた」[46]と文献収集に力を入れていたことを小野秀夫が『遺稿』で述べている。隼吉は、いったん焼失した参考書類を再び収集し始めることになる。

　現在、「下出文庫」と呼ばれるものは二つ存在する。一つが愛知東邦学園が保存する、兄・下出義雄が所蔵していた「図書、定期刊行物（雑誌類）、各種規程類や啓蒙パンフレット類、産業関係の研究報告書など比較的ページ数の少ない単行本や、研究論文を集めた雑誌類など」[47]16000点にもわたる文書群である。

　そしてもう一つの「下出文庫」が、隼吉が収集した貴重な書籍の数々で、現在の東京大学社会学研究室で洋書373冊、和書101冊が保管されている。隼吉は、震災で燃えた書籍を取り返すように、わずか7年半で500冊弱の書籍を集めることになる。古書店や書店も同様に、関東大震災の火災によって蔵書とともに焼失し、なかなか品揃えをすることができなかったようである。隼吉の集めた書籍には、販売店情報が記載された値段表が付いている古書もあり、遠方へ出向いて購入したもの、何軒も足を運んで手に入れて買い集めたという苦労の痕跡も知ることができる。

　隼吉の死後、蔵書が東京大学社会学教室にわたる経緯は、姪である榊文子が「戦後、叔父の先輩、林恵海氏が東大の社会学科の教授となられ蔵書をぜひ大学へ譲り受けたいと申し込まれ、遺族も勿論有意義に役立つことを望んでいたので喜んで寄贈した。現在東京大学社会学教室にある『下出文庫』がそれである」[48]と証言してくれている。この証言により隼吉の「下出文庫」に関しては比較的に周知されていた。しかし、今回幸雄の証言により新たになったことが数点ある。「亡くなった時に、本は木の箱に詰めて南鍛冶屋町の家の蔵で保管しておりました。3月の空襲で被害に合い、家とかは燃えましたが、蔵は燃えませんでした。何日か蔵が冷えるまで待って、蔵の扉をあけましたが、中の本は無事でした。昭和23〜24年頃だったと思います、昭和26年よりは必ず前です、今井時郎先生が、名古屋にやってき

て本を譲ってくれないかという話がありました。母（朝子、筆者注）が承知しました。東大の学生で名古屋出身の学生が来て送ったように思います。箱は5つありました。日通のトラックと貨車で運んだと思います。名古屋大学の方も欲しいと言いにきたような気がしますが、お断りしました」。3月の空襲というのは、1945（昭和20）年3月12日名古屋中心市街地が罹災した時、または3月19日名古屋駅が炎上した時のことを指しているのであろうか。また林恵海ではなく、今井時郎が名古屋にやってきて願いでたということである。今井時郎は1950（昭和25）年に東京大学を退官している。その直前に愛弟子の遺品を預かりたいという思いからであろうか。林恵海、今井時郎いずれも、隼吉と親しい間柄で、戦後も東京大学に在職しており、両者相談の上での願いだったと言ってもよいであろう。吉野作造も「私の知る限りに於て貴下の御集めになった文庫の中には容易に得がたい貴重な文献があり之等は御遺しになった数多き御論稿と共に永く学界を裨益するものでありませうが若し仮すに天寿を以てせばあの着実なる研鑽から更にどんな偉大なものが生まれたらうに今更残念で堪りません」(49)と弔辞で意義深い書籍の収集についても触れている。いずれにしても、「下出文庫」という貴重な図書が残るのは震災後に隼吉が再び書籍を集めたこと、そして遺族が大切に保存したこと、今井、林両氏によってそれを生かすよう文庫としたことのおかげであり、鬼籍に入った隼吉も、「学界を裨益」できたと喜んでいることであろう。

　話を関東大震災直後まで戻したい。隼吉は、妻・朝子とともに自宅再建までの間、いったん名古屋へ避難することになったようである。幸雄は「海軍の巡洋艦『浅間』に乗って、名古屋に避難したと聞いています」と話されている。「浅間」は竣工後17年以上経過したが、廃艦にならず老朽艦として使用されつづけていた海防艦である(50)。7000トン以上の大型一等巡洋艦でもあり、多くの人を搬送することは可能であっただろう。「（前略）芝浦より軍艦にて避難民の輸送を開始したので六日の午後には一時に避難民が芝浦へ芝浦へと押寄せ七日午前九時五十分品川沖を抜錨した軍艦平戸には約一千名の避難民が便乗し清水港に同日午後乗陸し静岡以西に各自出発したが尚品川沖からは横須賀行横浜行の各軍艦駆逐艦を出して避難民を輸送している（後略）」(51)との新聞記事もあり、海軍の軍艦が避難民輸送の災害救援活動を行ったことが記録にも登場する。隼吉が乗船したのが「浅間」とは特定できないが、妻・朝子とともに芝浦の埠頭に駆けつけ名古屋へと逃れたのであろう。

　関東大震災後に隼吉の永田町自宅周辺は、大きく様変わりすることになる。鍋島

16

直泰公爵邸も、震災の時に火が出て灰塵に帰したことにより [52]、鍋島家の土地の一部を復興局が買収し首相官邸として当てられることになったようである [53]。但し、隼吉は再び同じ場所に自宅を建てることができ、長男・幸雄の誕生後は、永田町の自宅に一家三人で生活を再開することになる。

（5）逝去まで

　1925（大正14）年3月東京帝大大学院文学部社会学科を満期退学した。その後、隼吉は怒涛のように執筆活動に力を入れていくことになる。『遺稿』「下出隼吉君之年譜」には、論文等隼吉が執筆した表題の記載があり、1925（大正14）年「明治社会学史資料（1）」他6編を皮切りに、1926（大正15）年「自由民権論と其当時の社会学」他9編、1927（昭和2）年「明治初期社會主義文献の二三に就いて」他20編、1928（昭和3）年「内地旅行論」他18編、1929（昭和4）年「フェノロサと日本の社会学」他9編、1930（昭和5）年「内地雑居」他8編、そして1931（昭和6）年遺作となる「歴史に観たる本邦に於ける社會学と公民教育との關係」『季刊社會学』まで80編以上の著作を確認できる。実質5年という短期間でのこの量の執筆は、目を見張るものがある。

　著作を書き続けるそのなかで、社会学の知識のみでは充足しきれない部分もあったのであろうか。1927（昭和2）年4月、東京帝大経済学部に入学する。『東京帝国大学一覧』 [54] には、入学者が一覧として記載されている。ここで気になるのが、入学者の頭に文、法、理、京法など各種学士の記号がついている者が沢山いることである。経済学部に再入学した隼吉がまれなケースではなく、東京帝大では学士取得者が他学部の入りなおすことは、往々にしてあったようである。

　経済学部の学生生活と並行して、1925（大正14）年5月、小野秀雄の紹介で「明治文化研究会」 [55] に入会する。「明治文化研究会」は、「関東大震災で明治期文化財の大量消滅」を憂えた吉野作造を中心に石井研堂、尾佐竹猛、小野秀雄、宮武外骨、藤井甚太郎ら研究者で組織された団体である。会の目的は「明治初期以来の社会万般の事相を研究し之れを我が国民史の資料として発表すること」であった。隼吉が書籍を収集し、明治史研究に没頭したのは、この「明治文化研究会」での影響が大きかったであろう。「近代日本形成に影響を及ぼした重要文献を網羅した『明治文化全集』」 [56] の中に、隼吉は多くの論考や文献年表を発表していくことになる。表題は「下出隼吉君之年譜」に記されているので省略する。

1930（昭和5）年、3年の学業期間を終え、東京帝大経済学部経済学科を卒業する。社会学科とは違い、卒業生は200人以上の大人数であった。そしてこの経済学部での経験が生かされるときがくる。社会学科卒業後の隼吉は、研究者としての道のみを歩いてきたが、9月には明治学院の講師として教職につくことになる。明治学院は、ヘボン塾をひきつぐキリスト教系の学校である。ちょうど幸雄がキリスト系の霊南坂幼稚園に通っている時期でもあり、親しみをもって教壇に立っていたかもしれない。明治学院では、1928（昭和3）年4月に高等商学部の独立と同時に高等学部社会科を設置している。これは、田川大吉郎が「社会学講座」の必要性を力説したためである[57]。隼吉の担当科目は「経済政策」であるが、後々社会学部で教鞭を執る予定だったかもしれない。

　当時の隼吉は、執筆活動の数々を眺めただけでも多忙な毎日を過ごしていたと推測できる。特に1930（昭和5）年は『社会科学大辞典』『明治文化全集』その他の論文執筆活動、「明治文化研究会」「日本社会学会」の活動に加えて、教鞭を執るという新たな活動が増えたからである。そんな無理がたたったのか、ついには体調を壊すことになる。「肺炎の為、一時重患となり」、「いつもとは違っては大變くるしかった」[58]と隼吉に言わせるほどの重病であった。2か月ほど床に臥せることにはなるものの、「幸いにして一命を免れ」再び研究生活に戻った。

　しかし、この周囲の安堵は一転することになる。1931（昭和6）年5月15日午後8時35分、麹町区永田町2丁目一番地の自宅において隼吉は、急変により遂に帰らぬ人となった。享年35歳であった。18日には午後一時から仏式により自宅で葬儀が行われ、午後二時から告別式が営まれている。遺骨は名古屋に帰り、21日崇覚寺で再び葬儀が執り行われた。崇覚寺は、名古屋市東別院の西側にある真宗大谷派浄土真宗の寺院である。送り名は「香雲院釋篤順居士」まさしく「香雲」のごとき、崇高な出版物や執筆を多く残し、仏法に篤い短い命を終えることになったのである。

4　父としての隼吉──令息・幸雄へのインタビューを通して

　これまで、隼吉の生涯を順次、年を追うように見てきた。しかし、隼吉の真面目な研究ぶりのみであり、家庭での姿はなかなか垣間見ることはできなかった。前項まで伝えられなかった父親としての隼吉像を、幸雄の話をまじえてふりかえってみたい。

結婚後 3 か月経った 1924（大正 13）年 10 月 23 日、長男・幸雄が誕生する。息子の誕生をどんなに喜んだかというのは、その後の幸雄に対する接し方からも十分に伝わってくる。語られるエピソードの数々は愛情あふれるものばかりである。

1928（昭和 3）年、幸雄は、自宅の永田町から 1km 以上離れた赤坂の霊南坂幼稚園に入園する。その頃の思い出として幸雄は、「赤レンガ造りの幼稚園でキリストプロテスタントでした。エス様エス様と唱えていました。内村鑑三の講演を霊南坂幼稚園で聞いた思い出もあります」、また「父が来てくれたことは、覚えていませんが、父は、幼稚園によく来てくれたようで、和歌が何首か残っています。

静かなる夕暮時に聞こえくる霊南坂の教会の鐘
教会の鐘聞く度に思ふかな聖なる集ひわれも行きたし
さはあれどクリスチャンならぬわが信仰聖なる教え守らゝやも

義雄はクリスチャンでしたが、父はクリスチャンでなかったので、三番めのような歌を詠んでいます」と話してくれた。この和歌は、『遺稿』「和歌」に記されているもののうちの三首である。幸雄が、ほとんど諳んじるようにこの歌を紹介される姿を拝見すると、幼稚園での父・隼吉の直接の思い出はなくとも、息子を思う気持ちはひしひしと感じながら育ったのであろうと想像させてくれる。「これを読むと父は私のことを大切に思っていてくれたと思います」と微笑みながら言われた。

前述のように、1925（大正 14）年から 1931（昭和 6）年まで、研究生活に多忙な隼吉には、家庭サービスをしている時間はほとんど取れないのではないかと思われた。しかし、時間を見つけては、幸雄を連れて至るところに出かけたようである。林恵海は、『遺稿』「思ひ出のまゝに」のなかで、1929（昭和 4）年の 9 月頃に娘と上野動物園に出かけた時にカバの檻の前で隼吉・幸雄親子に出会ったエピソードを紹介している (59)。また幸雄も「鎌倉や成田、三里塚、柿生の牧場に行ったことがあります」「よく、三人で食事にも行きました。レストランに食事に連れて行ってもらったときだったと思います。折角のレストランにもかかわらず、コロッケの方がよいと言って困らせた思い出があります」とピクニックに食事にと家族団らんを楽しんでいたという一面を伝えてくれた。しかし、幸雄にとってはこれから記憶に刻むことも多いであろうその時に、隼吉は急逝する。隼吉が亡くなったあと、幸雄は母・朝子とともに三人の思い出の詰まった永田町の自宅から離れることになる。

第 1 章　下出隼吉の生涯　　　　　　　19

「夏休みのころだったと思います。中区の家に来て、南久屋小学校に転校しました。祖父の家に越してきたのです」。隼吉が「子供を永田町の小学校に入れた、大変良い学校である」(60) と喜んでいた永田町での生活も母子だけでは続けることができずに名古屋に戻らざるを得なかったのである。

　林恵海が「子煩悩」と表現したように隼吉は幸雄を大切にし、家庭を大切にしていた。多くの業績を見るにつけ、「学問一筋の家庭を顧みない」という勝手な隼吉像を抱いていた。しかし、幸雄の話や『遺稿』から知る隼吉は、研究者の隼吉とは別の側面、家庭人として、父親としての隼吉像でもあった。

Ⅲ　おわりに

　本稿では、隼吉の生涯を振り返ってきた。わずか 35 年の人生であったが、『遺稿』に語られる文字は、「痛哭の情を如何に表明すべきかを知りません」(61)、「痛恨何ものか之に過ぐるものありませう」(62)、「隼吉君は君を知る限りの凡ての人によって惜しまれつゝ年齒若うして逝った」(63)、「氏の如き学問研究の目的を真に理解せる人を失った事は吾々後輩の大きな打撃であり、深い悲しみだ」(64)、「研究半ばにして挫折せられたことは実に惜しみても尚余りあることである」(65) など惜しい人材を亡くした無念さばかりである。

　確かに、生前のわずか数年で、『明治文化全集』『社会学雑誌』その他の 80 編以上の執筆活動、「明治文化研究会」「日本社会学会」の活動、教育など多彩な活動をし、将来有望な研究者でもあるということからも当然の言葉でもあろう。

　吉田澄夫も「この会の関係者で思い出す人は社会学者の下出隼吉君、名古屋の人でおとなしい人であったが、ゼンソクではやくなくなった」(66) と「明治文化研究会」には多くの会員がいるにもかかわらず、最初に名前を挙げたのが、隼吉であった。

　また吉野作造は、隼吉の訃報を受け、次のように日記に書き記している。

　　五月十七日　日曜
　（前略）永田町の下出宅に悔みに行く　下出隼吉君一昨夜八時心臓マヒにて急死されたのである　惜しい人物であった　令兄令夫人に哀悼の辞を述べた　偶然増田次郎君尾池義雄君等の旧知に遭った　明治文化研究会を代表して香奠を置いて

来る　帰りは自動車で送られる　五時頃帰宅　休養する　此日から畳の上に毛布をしいたきりで寝て見る　夜下出君を葬ふの一文を草す　都合がよかったら明日の葬式に弔辞を読んでみようかと思ふ

　五月十八日　月曜

（前略）急いで下出君の宅に出かける　昨夜急に弔辞を書いて読む気になり予め電話で打合せたる綿貫君の社会学会の弔辞尾佐竹君の明治文化研究会の弔辞それぞれ十二時頃から始まり僕にも遅くも十二時半まで来て呉れと云ふ事であった着いたのは一時に近かったが先方の準備に支障を来さしめず昨夜書いた一文を霊前に読み上げた暫く楼上の一室に休憩して辞去した（中略）少々疲労を感じ一時間ばかりベットの上に横になる（後略）[67]

　吉野作造は、自ら進んで隼吉の弔辞を読もうと考えたようである。また自動車で送られ、当日も二階で休むほど体調不良にもかかわらず、隼吉の葬儀にはぜひ参列したい、言葉を送りたいという気持ちがひしひしと伝わってくる。

　葬儀当日に弔辞を読み上げたのは、今井時郎、尾佐竹猛、吉野作造、戸田貞三の当時の研究界を担う錚々たるメンバーばかりである。『遺稿』に追悼文をよせたのも同様である。前述の人物に加え、小野秀夫、林恵海や友人、先輩、後輩ら多数である。

　隼吉が、なぜこれほどまでに慕われ、大切に思われていたのかということは、学問上の功績によるものだけではないということは、隼吉の生涯を振り返って十分に納得できた。

　我々が知り得ていた研究者としての隼吉像だけではなく、『遺稿』や幸雄の証言から垣間見る家庭人として、父親としての新たな隼吉像があったからである。

　研究者としての隼吉、人間味あふれる隼吉、両者の魅力があったからこそ、今井時郎、尾佐竹猛、吉野作造、戸田貞三、小野秀夫、林恵海や友人、先輩、後輩らから早逝を惜しまれることになったのであろう。

　今回は隼吉の生涯をたどることにとどまったが、隼吉の厖大な論文の一つ一つを読み解いていけば、さらに隼吉の新たな人物像が発見できるのではないかと考えている。しかし、生涯をふりかえったことによって、社会学分野で隼吉の思想や業績を理解するための、ある種の見取り図を提供できたのではないかと考えている。今回紙幅の関係もあり、「日本社会学会」「明治文化研究会」での隼吉の活躍には触れ

ることができなかったが、今後、隼吉を理解するためのさらなる深化に向け、個々の著述の詳細な解説と「日本社会学会」「明治文化研究会」での隼吉の活躍について明らかにすることを課題としたい。

【注】

(1) 川合隆男・竹村英樹編『近代日本社会学者小伝——書誌的考察』「下出隼吉」勁草書房、1998.12、pp.432-436。

(2) 川合隆男「下出隼吉の社会学史研究——日本社会学史研究における断続と継承」『法学研究』67（5）、1994.5。

(3) 青山正治氏は、前・大同工業大学工学部機械工学科教授で、現在は大同大学非常勤講師と「産業技術史名古屋研究所首席研究員」を務められている。機械工作や鋳造工学が研究の専門である。金属材料学を教えておられた幸雄氏に公私ともにお世話になっていたとのことである。

(4) 2016年7月25日、青山正治氏と寺沢安正氏と3名で幸雄氏自宅にてインタビューを行った。

(5) 下出民義編『下出隼吉遺稿』「下出民義」1932.4。

(6) 前掲『近代日本社会学者小伝——書誌的考察』では、読み方を「しゅんきち」と紹介しているが、ご子息 幸雄氏に確認したところ、「じゅんきち」であるとの証言を得た。

(7) 父民義に関しては、森靖雄「名古屋圏における工業近代化期の課題と経過（Ⅲ）——下出民義・義雄父子の役割を中心に」『東邦学誌』第37巻第2号、2008.12、pp.43-67や東邦学園九十年誌編集委員会『下出民義自傳（注解版）』（『東邦学園九十年誌』別冊（尾崎久彌［原編］）学校法人東邦学園、2013.10に詳しい。

(8) 前掲『下出民義自傳（注解版）』p.44。

(9) 同上、p.27。

(10) 名古屋市計画局『なごやの町名』名古屋市計画局、1992.3。

(11) 同上。

(12) 前掲『下出民義自傳（注解版）』p.44。

(13) 文部省編集『学制百年史』帝国地方行政学会、1972.10、p.320。

(14) 小松史生子『乱歩と名古屋——地方都市モダニズムと探偵小説原風景』風媒社、2007.5。

(15)「明和会」記念誌編集委員会『愛知県立明和高等学校史』1998.3、「明和会」明和高等学校設立五十周年記念事業実行委員会。

(16)「喘息」『日本大百科全書（ニッポニカ）』JapanKnowledge、http://japanknowledge.com（参照 2017.5.26）

(17) 慶應義塾史事典編集委員会編集『慶應義塾史事典』慶應義塾大学出版会、2008.11、p.21、p.83。

（18）同上、p.82。

（19）旧制高等学校資料保存会編著『旧制高等学校全書——資料集成』第1巻、昭和出版、1980.7、p.36。

（20）秦郁彦『旧制高校物語』文春新書、pp.127-128。

（21）堀田慎一郎・山口拓史・羽賀祥二・西川輝昭「第15回名古屋大学博物館企画展記録　伊吹おろしの若者たち——八高創立百年の歴史から」『名古屋大学博物館報告』（24）、2008、pp.221-254。

（22）山口拓史「名古屋大学博物館第十五回企画展　特別講演記録　寸描——第八高等学校」『名古屋大学大学文書資料室紀要　17』名古屋大学大学文書資料室、2009.3、pp.91-132。

（23）山口拓史『名大ブックレット12　第八高等学校——新制名古屋大学の包括学校①』名古屋大学大学文書資料室、2007.3、p.19。

（24）第八高等学校編『第八高等学校一覧　第10年度』第八高等学校出版、1917.12、pp.42-43。

（25）名古屋大学史編集委員会編『名古屋大学五十年史（通史2）』名古屋大学出版、1995.10、pp.269-270。

（26）前掲「名古屋大学博物館第十五回企画展　特別講演記録　寸描——第八高等学校」pp.91-132。

（27）同上、pp.91-132。

（28）同上、pp.91-132。

（29）「旧大学令以前のみならず戦前期を通じて、官立の高等教育機関（大学・専門学校）には、独立した「文学部」は、この東京・京都両帝大以外には設置されることはなかった（東北・九州帝大は法文学部を設置）」。橋本鉱市「近代日本における『文学部』の機能と構造——帝国大学文学部を中心として」『教育社会学研究』第59集、1996。

（30）前掲『下出隼吉遺稿』p.789には、「最初は印度哲学」を志していたとの記述もある。

（31）東京帝国大学編『東京帝国大学一覧　従大正12年　至大正13年』東京帝国大学1924.8、p.(13)。

（32）「ふじわら-かんじ【藤原勘治】」『日本人名大辞典』JapanKnowledge、http://japanknowledge.com（参照2017.6.4）

（33）『東京朝日新聞』1931（昭和6）年5月17日。

（34）前掲『下出隼吉遺稿』藤原勘治「心友、下出君」pp.760-768。

（35）同上、今井時郎「隼吉君の横顔」p.751。

（36）同上、藤原勘治「心友、下出君」pp.760-768。

（37）PHP総合研究所研究本部「松下幸之助発言集」編纂室『松下幸之助発言集8』PHP研究所、1991.7、pp.264-270。

（38）松下幸之助の記述は「蚊帳問屋」であるが、幸雄氏によれば、ふとん問屋で綿の工場が天津にあったと聞いているとのことであった。

（39）「囲碁のポータルサイト日本棋院」http://www.nihonkiin.or.jp/（参照日2015.1.16）。

第 1 章　下出隼吉の生涯　　　23

日本棋院は、1924（大正 13）年 7 月 17 日に創立され、総裁・牧野伸顕、副総裁・大倉喜七郎が就任し、大倉の経済的援助によって、1926 年（大正 15 年）に 4 月に、「東京市麹町區永田町二の一」に会館が建設され、当時のほとんどの棋士が参加した組織である。

(40) 前掲『下出民義自傳（注解版）』p.51。

(41) 東邦学園『東邦学園五十年史』東邦学園、1978.5、pp.183-184。

(42) 東京帝国大学編『東京帝国大学一覧　従大正 12 年　至大正 13 年』東京帝国大学、1924.8、pp.6-8。

(43) 第八高等学校同窓会編『第八高等学校同窓会員名簿大正 14 年 11 月 30 日』第八高等学校同窓会、1925.12、p.48。

(44) 一ノ瀬俊也『皇軍兵士の日常生活』講談社、2009.2、p.14。

(45) 前掲『下出民義自傳（注解版）』pp.49-50。

(46) 前掲『下出隼吉遺稿』小野秀雄「明治文化研究のため氏の挫折を惜む」pp.776-779。

(47) 愛知東邦大学地域創造研究所『東邦学園下出文庫目録——東邦学園創立 85 周年』愛知東邦大学地域創造研究所、2008.7、p.3。

(48) 榊文子「もう一つの下出文庫」『邦苑』第 5 号 3 月刊、東邦学園短期大学講演会。

(49) 前掲『下出隼吉遺稿』「吉野作造弔辞」pp.746-748。

(50) 藤田誠一編『大日本軍艦写真帖』海上協会、1924.9、p.12。

(51) 『大阪朝日新聞』1923（大正 12）年 9 月 8 日、朝刊 2 面。

(52) 北風倚子『朝香宮家に生まれて : 侯爵夫人・鍋島紀久子が見た激動の時代』PHP 研究所、2008.9。

(53) 横溝光暉『戦前の首相官邸』経済往来社、1984.3、pp.13-16。

(54) 東京帝国大学編『東京帝国大学一覧　大正 15　至昭和 2 年』東京帝国大学、1932.9、p.513。

(55) 「明治文化研究会」『世界大百科事典』JapanKnowledge、http://japanknowledge.com（参照 2017.6.7）

(56) 1927 年から 1930 年に日本評論社から刊行され、全 24 巻が出版された。

(57) 明治学院百五十年史編集委員会編『明治学院百五十年史』明治学院、2013.11。

(58) 前掲『下出隼吉遺稿』藤原勘治「心友、下出君」pp.760-768。

(59) 同上、林恵海「思ひ出のまゝに」pp.772-778。

(60) 同上、林恵海「思ひ出のまゝに」pp.772-778。

(61) 同上、「吉野作造弔辞」pp.746-748。

(62) 同上、「戸田貞三弔辞」pp.748-749。

(63) 同上、今井時郎「隼吉君の横顔」p.751。

(64) 同上、横江勝美「下出隼吉君を悼む」pp.768-771。

(65) 同上、小野秀雄「明治文化研究のために氏の挫折を惜む」pp.776-779。

(66) 吉田澄夫「明治文化研究会の人びと」『学苑』（332）、7-12、昭和女子大学近代文化研究所、1967.8。

(67) 松尾尊兊他編『吉野作造選集 15（日記 3（昭和 2-7））』1996.10、岩波書店。

第 2 章 『明治文化全集』と下出隼吉

高木 備太郎

I 下出隼吉と吉野作造

　下出隼吉は、1931（昭和 6）年 5 月 15 日心臓マヒで急逝する。35 歳の若さであった。働き盛りの研究者としての当時の中心的仕事は『明治文化全集』の編纂であった。隼吉（以下「下出」を省略して記述する）の死後編まれた『下出隼吉遺稿』に掲載された年譜から下出隼吉著述年別一覧（表 2-1）を作成した。

　20 歳代は日本の社会学史に関する研究であったが、30 歳代は、大半が『明治文化全集』と明治文化研究会の機関紙（『新舊文化』『明治文化』『明治文化研究』）に掲載されたものであることがわかる。

　年譜によれば、隼吉が小野秀雄の紹介で明治文化研究会に入会したのは、31 歳となった 1927（昭和 2）年 5 月である。小野秀雄は日本の新聞研究の草分けの研究者で、後に東京大学新聞研究所の初代所長となった東大社会学研究室の先輩である。

　入会するとすぐに、明治文化研究会の機関紙に論文を発表するとともに、会の編纂になる『明治文化全集』5 巻自由民権編の五つの文献と 6 巻外交編の二つの文献の解題を執筆し、自由民権年表の作成を行っている。以降毎年『明治文化全集』の編纂にかかわった。

　隼吉は元来病弱であったが、この仕事を終えた 1931（昭和 6）年に体調を悪化させ、5 月 15 日、麹町区永田町二丁目一番地の自宅で急逝する。

　『明治文化全集』編纂の責任者は吉野作造である。吉野（以下「作造」を省略して記述する）は、隼吉の死を聞き、5 月 17 日に永田町の隼吉の自宅へお悔やみに出かけ、明治文化研究会の名で 10 円の香典を置いて帰った。

　その夜吉野は、「惜しい人物であった」と日記に書き、体調がすぐれなかったにもかかわらず夜中に「下出君を葬ふ」の弔辞を草している。それは、隼吉の遺族に

第 2 章 『明治文化全集』と下出隼吉

写真 2-1 『明治文化全集』

表 2-1 下出隼吉著述年別一覧

大正 14 年	「明治社會學史資料」(上)『社會學雜誌』18
大正 15 年	「明治社會學史資料」(下)『社會學雜誌』23
	「自由民權論と其當時の社會学」『新舊時代』2-4・5
昭和 2 年	「花婿に水をかける風習——土俗と経済生活との関係」『経済往来』2-5
	「明治初期社会主義文献の二三に就て」『新舊時代』3-6
	「明治初期の翻譯——社会と統計の譯出について」『帝國大學新聞』215
	「ミルとスペンサー——明治文化に及ぼした影響に就いて」『経済往来』2-8
	「水祝ひ考」『社會學雜誌』40
	「日本の社会学とフェノロサ」『帝國大學新聞』225
	「統計という言葉」『統計集誌』557
	『明治文化全集』5 巻自由民權編掲載の文献「社會平權論」・「民權辨惑」・「国體新論」・「自由之理」・「眞政大意」の解題及び自由民權文献年表
	『明治文化全集』6 巻外交編掲載の文献「内地雑居論」・「内地雑居續論」の解題
昭和 3 年	「内地旅行論」『明治文化』3
	「奢侈論に現れたる明治初期の社会相」『農業教育』318
	「『普選への歩み』——加藤弘之博士の『鄰草』を思ふ」『帝國大學新聞』240、241
	「明治初期政治に及ぼしたる社会学の影響について」『東亜の光』23-5
	「代議政體の研究」『明治文化研究』4-7
	「宮中顧問と樞密顧問」『明治文化研究』4-9
	「社会学の搖籃時代——當時の片山潜氏の傾向」『帝國大學新聞』286
	『明治文化全集』12 巻文学芸術編掲載の文献「唱歌の説、譯字説、音楽学校設立の儀に付建議」の解題
昭和 4 年	「フェノロサと日本の社會學」『社會雜誌』57
	「進化論と社会解放運動」『明治文化』15
	『明治文化全集』7 巻政治編掲載の文献「鄰草」の解題
	『明治文化全集』9 巻経済編掲載の文献「表記提綱」の解題
	『明治文化全集』15 巻思想編掲載の文献「東洋学藝雜誌抄」の解題
	『明治文化全集』21 巻社会編掲載の文献「我国に於ける労働問題一名労働者状態改善策」の解題及び社会文献年表
	『明治文化全集』22 巻雜史編掲載の文献「工業上傭主、被傭者及び師弟間取締ノ件ニ付東京商工會へ御下問及同会復申書ノ写」の解題
昭和 5 年	『明治文化全集』23 巻交通編掲載の交通年表
	『明治文化全集』24 巻科学編掲載の文献「大森介墟古物編」の解題
昭和 6 年	「歷史に觀たる本邦に於ける社会学と公民教育との關係」『季刊社會学』1

依頼されたものではなく、「自ら申し出た」ものであった。

　翌日の葬儀でその弔辞を読んだが、たいへん疲れていたので下出家の「楼上の一室に休憩」させてもらい、しばらくして「辞去した」のであった（以上は『吉野作造選集』に収録された『吉野作造日記』の1931（昭和6）年5月17日と翌18日の記述による）。

　以下5月18日の葬儀において、「明治文化研究會代表　法学士　吉野作造」として読まれた弔辞の文を『下出隼吉遺稿』より引用する。

　　下出隼吉君　私は明治文化研究会の一員として今貴下の昇天に際して会員一同の感ずる痛哭の情を如何に表明すべきかを知りません。我が明治文化研究会は（中略）同人中自ら夫れ々専門の部面を分擔し彼れ此れ相倚り相挟け以て他日総合的研究完成の機運を醞醸して居りました。貴下は其うち明治初年来の社会思想乃至社会運動の発達の方面の調査を以て任ぜられ豊富なる材料に基き成されたる質実なる研鑽は同人の均しく敬服する所でありました。貴下はこの方面では我々の同人間の権威たるのみならず広く一般学会に出ても優に第一人者たるを誇り得べき実力を備えて居られたのでありました。（中略）貴下は私共の仲間に在つても無くてはならぬ人でした。（中略）貴下は学事においても常に黙々として倦まず朝に一寸を積み夕に一尺を累むと云ふ風でしたが人格に於ても装わず飾らず他奇なきが如くして而も親しく觸る、者をして必ず一種の温情を覚へしめずには居ませんでした（中略）。それにしても三十五年の御生涯は餘りにも短命でした私のしる限りに於て貴下の御集めになった文庫の中には容易に得がたい貴重な文献があり之等は御残しになった数多き御論稿と共に永く学界を裨益するものでありましょうがもし仮すに天寿を以てせばあの着実なる研鑽から更にどんな偉大なものが生まれたろうに今更ながら残念で堪りません。（後略）

弔辞からは、吉野作造が晩年に傾注した『明治文化全集』の編纂に対する思いとともに、吉野が隼吉に対して、この思いを引き継いでくれる人物としていかに大きな期待をしていたのかが、伝わってくる。

　以下、吉野の『明治文化全集』の編纂の仕事と、隼吉のこの時期の仕事がどう交差しているのかを検討したい。

II 『明治文化全集』と吉野作造

　1924（大正13）年11月『明治文化全集』を編纂するために「明治文化研究会」
が作られた。「目的」に「明治初期以来の社会万般の事相を研究し之を我が国民史
の資料として発表すること」とあり、「事業」として「機関雑誌を発行し、時々講
演会及び展覧会を開催すること」とある。「編集同人」は「石井研堂・石川巌・井
上和夫・尾佐竹猛・小野秀雄・吉野作造・外骨（宮武外骨であるが、この時期は廃姓
外骨とも書いている）・藤井甚太郎」の8人である。

　「賛助員」として「工学博士伊藤忠太・原胤昭・林若樹・法学博士穂積重遠・織
田一磨・文学博士和田萬吉・文学博士狩野亮吉・文学士横山健堂・文学博士高野辰
之・理学士田辺尚雄・文学博士坪内逍遥・工学博士塚本靖・法学博士中田薫・文学
士中村勝麿・医学博士永井潜・長尾藻城・内田露庵・法学士柳田国男・文学士藤懸
静也・文学博士姉崎正治・坂本箕山・文学博士佐々木信綱・文学博士新村出・工学
博士関野貞・医学博士杉田直樹」の当時の著名な学者25名が名前を並べている。

　雑誌を月1回発行し、会費は年5円50銭で、事務所は最初福永書店に置かれて
いた（「『明治文化研究會』に就いて」『新舊時代』第1年第1冊掲載記事）。

　雑誌『新舊時代』が実際に発行されたのは、1925（大正14）年2月からである。
研究会は、帝大基督教青年会館などを会場に、明治を生きた様々な分野の人の回顧
談と研究発表を内容として月1回開催された。

　『明治文化全集』の編纂が具体的に進み出すのは、1927（昭和2）年に入ってから
である。以下『吉野作造日記』（『吉野作造選集13・14・15』）から関連記事を引用す
る。

　1月10日　日本評論社の鈴木利貞君来る（中略）明治文化全集編纂の件など相談
　　　　　　あり
　2月21日　午後日本評論社の鈴木利貞君来る　明治初期文献全集やることにする
　4月1日　尾佐竹君に遇ふ約束があったので一緒に帰宅し明治文化全集の立案の
　　　　　　打合をする
　4月14日　夕方東京ステーションホテルに開かれた明治文化全集の第1回相談会
　　　　　　に出席する
　5月1日　日本評論社の千倉君　明治文化全集広告の相談をする

5月3日　明治文化全集の内容見本に附ける趣旨書を書く

『明治文化全集』は、1927（昭和2）年から1930（昭和5）年にかけて、関東大震災で大量に喪失し散逸しかかっていた諸分野の貴重文献を蒐集し、25編24巻として毎年数巻のペースで発刊された。それは、明治期日本研究の基本文献として多くの研究者・著述家に活用され、今日に至っている。

これは今日から見ても大変な事業であった。宮武外骨・尾佐竹猛らと協同で、各分野の大家の協力があったとはいえ学者だけで簡単にできる仕事ではない。吉野は当初岩波書店に引き受けてもらうことを考えていたが、岩波茂雄に「忙しくてやれぬ」と断られた（『吉野作造日記』）。そのため警醒社から雑誌を出し、『明治文化全集』は日本評論社から出すことで出発した。しかし、会員が伸びず台所は火の車で、雑誌はすぐに福永書店に、昭和3年1月からは三省堂に、昭和4年7月からは日本評論社に変更している（これと共に表紙の表記も『新舊時代』『明治文化研究』『明治文化』に変更）。

展覧会や講演会は初期に行われたのみで、研究会の参加者も徐々に減少している。この中で、文献の蒐集・選択から解題の執筆にいたるまで、吉野を中心とする研究会同人の少数の人の個人的努力に支えられて、ようやく『明治文化全集』24巻の出版を終えたのである。その間の吉野の苦労は『吉野作造日記』の随所に記されている。

『明治文化全集』の編纂と明治文化研究の活動は、吉野が後世に残した大きな遺産と言える。吉野はこの事業を「国民史」創出のための基礎資料と表現しているが、大正デモクラシーの時期の理論的リーダーであり、様々な社会運動にもかかわった吉野が、晩年論説活動と運動から身を引き、経済的苦難の中で後世に何を残そうとしていたのかを読み解く作業は今日の課題として残されているように思う。

Ⅲ　明治文化研究会と下出隼吉

下出隼吉が明治文化研究会に参加したことが確認できる最初の記事は1927（昭和2）年2月例会からである（『新舊時代』所載　明治文化研究會昭和2年2月例会　出席者一覧記事）。『下出隼吉遺稿』の年譜は、5月入会としている。

紹介者となった小野秀雄によれば、隼吉は誰かに声をかけられて明治文化研究会

に入ったのではなく、隼吉自身から「明治文化の会合に列席したいと話があった」「元来寡言な同君のことであるから、別にそれについて抱負を語るでもなく、私もそれを聞こうともせず、直ちに承諾して次の会合から下出君を同伴することにした」（『下出隼吉遺稿』所載小野秀雄追悼文より）ということであった。

　そして、「下出君は先づ明治時代に於ける社会学文献の蒐集に着手せられた、之と同時に社会主義に関する著作及其普及の調査研究にも着手せられた。其研究の断片が明治文化研究会の機関誌に発表されだしたのは、たしか同君の入会後四、五ヶ月後である」（同上）とあり、これが『新舊時代』に載った「明治初期社会主義文献の二三について」という論文であったと考えられる（「下出隼吉著述年別一覧」参照）。

　1927（昭和2）年は、先述のように『明治文化全集』の編纂が始まった時であり、隼吉は立ち上げ時の同人ではなく小野秀雄の紹介で遅れて参加したのであったが、すぐに吉野に編纂の手伝いをも依頼され引き受ける。以下同様に『吉野作造日記』から関連記事を引用する。

　5月28日　小野秀雄君を訪ねる　新聞編を引受けて貰ふ　それから学校に行く
　　　　　　下出君来り思想編の立案を托す
　6月14日　明治文化全集の展覧会を十六日より三日間三越でやるので出品すべき
　　　　　　図書の選択に忙殺さる
　6月18日　中山文化に富士川博士を訪ねて文化全集科学編のことにつき意見を求
　　　　　　める
　6月19日　午後は燕楽軒で明治文化全集第一回翻訳文芸編の編纂会を開く
　7月20日　夜は例により明治文化全集の編纂会あり
　7月27日　夜文化全集編輯会をやる
　8月3日　夜は文化全集の編輯会に出席する
　8月6日　鈴木利貞君来ての話に明治文化全集は直接申込二百弱、書店を通して
　　　　　　の六百余総計七百余、猶地方の書店より来べき筈のが外に九百位ある
　　　　　　見込、通計今の処千六百位となり、併し第一回配本の分は五千刷る積
　　　　　　りだといふ
　8月25日　自由民権編の用意をする
　11月7日　午後下出高市小林茅原君に伊藤君等来訪

30

　これによれば、吉野は隼吉に第 15 巻思想編の立案を依頼している。そして編集会議が吉野の自宅で行われることもあり、隼吉は度々吉野を訪れていることが分かる。

　『明治文化全集』は、以下のように 24 巻からなっているが、その内隼吉がかかわった巻は、下線を引いた 8 巻である。

　第 1 巻皇室編・第 2 巻正史編（上巻）・第 3 巻正史編（下巻）・第 4 巻憲政編・**第 5 巻自由民権編**・**第 6 巻外交編**・**第 7 巻政治編**・第 8 巻法律編・**第 9 巻経済編**・第 10 巻教育編・第 11 巻宗教編・**第 12 巻文学藝術編**・第 13 巻時事小説編・第 14 巻翻訳文藝編・第 15 巻思想編・第 16 巻外国文化編・第 17 巻新聞編・第 18 巻雑誌編・第 19 巻風俗編・第 20 巻文明開化編・**第 21 巻社會編**・**第 22 巻雑史編**・**第 23 巻軍事編交通編**・第 24 巻科学編

　明治研究会同人に遅れて参加した隼吉であったが、延べ 8 巻にかかわっており、表 2-1 の「下出隼吉著述年別一覧」で確認できるように、自由民権編に 5 本の解題を書き、自由民権編・社会編・交通編の年表の作成をしている。

　隼吉は、思想編だけでなく、これらの巻全体に目配りをしていたと考えられ、吉野が弔辞で言うように、隼吉は明治の社会関係と社会運動に関してなくてはならない存在であったことが確認できる。

Ⅳ　社会思想の言葉の使われ方と経路への関心

　1927（昭和 2）年 4 月の明治文化研究会例会で、隼吉は「社会」の言葉について発言している。「木村（毅）氏は社会と云ふ語の我国に使われるにいたった経路に関する研究を発表され、下出（隼吉）氏もこれに就いて語られるところがあった」（『新舊時代』所載　明治文化研究会　昭和 2 年 4 月例会報告記事）。

　これに見られるように、隼吉の仕事の特徴は、明治期から使われるようになった言葉の「経路」をさぐる点にあった。

　その一つに「共産主義」「社会主義」という用語がある。隼吉は「社会文献年表」で、著名な文献の中でこれらの言葉の使われた経路を注記している。以下その「社会文献年表」から一部抜粋する。

明治三年「真政大意」　加藤弘之著

　　本書に初めて「コンミュニズム」「ソシアリズム」の語現る。

明治五年「自由の理」　ミル原著・中村敬宇訳

　　「ソシアリスト」の此訳書によって伝わる。

明治七年△「明六雑誌」第二號「福澤先生に答ふ」に加藤弘之コンミュニストに
　　言及、杉亨二同雑誌三一二號掲載の「想像鎖國説」に於いてコンミュニズム
　　を説く。

明治八年△此の年新島襄同志社を創立、講師ラーネッド経済学を講じ、社會主義
　　を説く。

明治十年「交際論」　高橋達郎譯（百科全書ノ内の一篇）

　　トーマス・モアのユートピア初めて我が国に紹介され、ロバート・オーエ
　　ン、フーリエーの名初めて此書によって傳わる。

明治十六年「政治談」　フォーセット原著・渋谷　爾譯

　　社会主義、救民救助法、婦人参政權等を説く。

　こうした隼吉の研究を受けて、吉野は「加藤弘之とコンミュニズム」で、以下の
ように述べている。

　　近年社会主義だの共産主義など云うことが八釜しくなるにつれ、自然この言葉
　の我国思想界に這入つて來たのは何時頃だろうといふやうな問題が論ぜられる。
　而して一般には、そは明治早々の初年であり、之を紹介した人は加藤弘之だとい
　ふことになつて居る。

　　この説は加藤弘之の明治三年に刊行せる『真政大意』に関する限り正しい。こ
　の本の中にコムミュニスメ、ソシアリスメの二語が紹介されてゐる、その以前の
　諸家公刊する所の著作にはどうも見当らないようだ（『明治文化研究』p.322　新紀
　元社）。

　この吉野の文章は、明らかに隼吉の前述の仕事を踏まえて書かれており、吉野自
身でも調査してその正しさを再確認していることがわかる。

　この隼吉の研究の方法は、日本に西洋の社会思想が誰によって、どのように紹介
され、どのように理解されて広がっていったかを、明治初期の文献を博索して明ら

かにしようとするものであった。それは、吉野が高く評価した研究姿勢であったと思われる。

　明治以来の人文社会科学は、西洋の最先端の思想を紹介し取り入れることが仕事であった。吉野は、大正デモクラシーの経験と挫折を通して、日本社会に根差した人文社会科学の在り方を模索していた。そうした吉野にとって、明治以降の社会思想の移入の経緯についてのこうした隼吉の研究は、日本に根差した社会思想の形成にとってたいへん貴重なものとして映っていたと思われる。それが、吉野の隼吉への弔辞の文章となったのではなかろうか。

　吉野と隼吉のこうした研究の交差とその今日的意味を明らかにする課題は、私たちに残されているように思う。

V 『下出隼吉遺稿』の上版

　研究会の雑誌に載った月例会報告で隼吉の研究会参加が確認できたのは、1927（昭和2）年の2月・3月・4月・5月・6月・7月、1928（昭和3）年の1月・2月・6月・7月、1929（昭和4）年の1月・7月・9月・11月である。部分的ではあるが、月例会参加者一覧の記事が掲載されていない月もあり、もう少し参加していた可能性はあるが、1929（昭和4）年までは熱心な参加者であったことがわかる。1930（昭和5）年以降、1931（昭和6）年5月15日に死ぬまでは参加していないのは、体調が良くなかったのであろうか。いずれにせよ、1930（昭和5）年になると隼吉の仕事量は減少し、1931（昭和6）年5月15日の突然の死となる。

　隼吉の死後、日本社会学会主催の追悼会が6月29日に開催され、その会場で隼吉の父民義より日本社会学会と明治文化研究会に対して、それぞれ千円の寄付があった。

　両会は翌1932（昭和7）年4月に『下出隼吉遺稿』を上版し、非売品として関係者に頒布した。この経緯は、『吉野作造日記』で少し窺われるので、以下引用する。

6月29日　　六時より学士会にゆく日本社会学［会］主催の下出隼吉君追悼会あり　父君兄君未亡人令息令弟など来会あり　別室にて父君より故人記念の意味を以て明治文化研究会に金壱千円寄附の申出あり（日本

社会学会にも同様）　一応お請して折柄来会の尾佐竹石井藤井小野諸
兄に諮り来る十三日一会を催して使途を相談することにする　十時
過ぎ帰る　此頃熱なし

9月28日　午後は大学、早坂四郎武田常吉両君を招いて下出君の遺稿の事を打
合はす

10月28日　四時少し前下出君遺稿編纂の相談会がある約束なので青年会に行く
定刻には誰も来ていなかったがやがて早坂君続いて戸田君尾佐竹お
くれて林君下出民義翁見へ相談始める　格別の事はない

12月7日　五時から青年会で下出君遺稿出版の相談会がある　続いて明治文化
同人の会合もあるので出掛ける　相談会の方は肝腎の小野秀雄君が
遅れたので同人会と一所に始まった

『下出隼吉遺稿』に吉野は序を書いて、改めて隼吉の学問の意味と可能性について
言及している。最後にその部分を引用して、このノートを終えることとする。

　　下出君の學的活働は大別して二つの部門に彙類される、一は社會學の研究で他
は明治文化のそれである。下出君は東京帝大文學部の社會學科の出身であるから
社會學を専攻さるるに不思議はないが、後また經濟學部に入りて三ヶ年の研鑽を
積まれたところを見ると其志の決して凡庸ならざるを想見することが出来る。早
くから明治文化の研究にも志されたのは明治時代に於ける社會科学並社會思想の
發達の跡を明にせんが為であつて固より社會學者としての立場と遠ざかるもので
はない。故に大別して二つとは云ふもの丶、下出君の頭腦の活らきに於ては二者
渾然として一體をなし、思想發展の跡を確實なる史實の上に明證して以て今日に
於ける社會指導の原理を樹立せんことが根本の目標であつたろう。

第3章　昭和戦前期における下出義雄の活動と思想
——東邦学園所蔵『東邦商業新聞』を手がかりとして

真野　素行

I　はじめに

　下出義雄はこの時期、従来の実業家・教育者として以外に、商工会議所・産業報国会・大政翼賛会と多くの公職に就いて活躍した。1942年4月の「翼賛選挙」では、それまで政治経験のなかった下出が愛知1区（名古屋市）から推薦候補として衆院議員に当選しているが、「翼賛選挙」出馬時点の下出の役職は主なものだけでも、中央協力会議各界代表委員・大政翼賛会愛知県支部常務委員・大日本産業報国会本部理事・愛知県産業報国会常務理事・東邦商業学校・金城商業学校名誉校長・大同工業学校理事長・大同製鋼社長・名古屋商工会議所副会頭と多数に上っている[1]。

　筆者は先の「戦時下の翼賛体制と下出義雄」（愛知東邦大学地域創造研究所叢書13『戦時下の中部産業と東邦商業学校』唯学書房、2010年）において、戦時期に展開された下出義雄の公職活動の軌跡を明らかにした。名古屋が航空機生産のメッカとして軍需工業都市化するなかで、愛知時計電機など航空機メーカーとともに素材の特殊鋼を生産する大同製鋼では増産が強く要請され、政府・軍による管理統制が強化されていった。こうした背景のもとで、大同製鋼は軍需産業の中核として総力戦遂行・翼賛体制確立の国策と一体化し、戦争協力として下出義雄の公職活動が展開されたと結論づけた。従来、研究対象として意識的に取り上げられてこなかったが、戦時下における産業界・教育界の戦争協力の典型的な事例として注目すべきものといえよう。

　しかし、前書においては、下出義雄の活動の背景にある思想について史料が乏しかったこともあり、十分に検討することができなかった。今回新たに閲覧することができた『東邦商業新聞』には、東邦商業学校の副校長〜校長時代の下出義雄の発言が多く掲載されており、これを手がかりにその思想に迫りたい。

Ⅱ　教育事業への傾倒

　下出義雄は、1890 年 5 月、下出民義の長男として生まれた。東京高等商業学校
に進学して福田徳三博士（経済学者。東京帝国大学の吉野作造、三宅雪嶺、左右田喜一
郎らとともに 1918 年に黎明会を設立したデモクラット）の指導を受けたが、下出家の
後継者であることもあり学究生活を断念して実業界に入った。1917 年 9 月に電気
製鋼所支配人に就任して以降、多くの会社の経営に参加した。無教会派のクリス
チャンで、学生時代には野球やテニスの選手経験があるスポーツマンでもあった。
1923 年に父下出民義に東邦商業学校を創立させると学園の運営を担った。また義
雄は、1926 年 8 月から半年間、外遊に出て欧米各国の教育事情を視察した。米国
YMCA の招待で訪米使節団の団長として渡米し、のち単身で欧州各国（英国・ドイ
ツ・フランス・イタリア）を歴訪して青少年教育と商業教育の状況を視察して 1927
年 2 月に帰国した。とくに英国のボーイスカウト運動に対して、すでに東邦健児団
を組織していた義雄は共鳴し、確信を深めたといわれる [2]。

　義雄は東邦商業学校のほかにも学校経営（金城商業や大同工業など）をおこなっ
ており、教育に対して並々ならぬ情熱をもっていた。義雄の教育思想は、社会（産
業界）が求めている堅実な人格の育成を主眼としており、『東邦商業新聞』第 16
号（1929 年 1 月 12 日）及び第 17 号（1929 年 2 月 10 日）に掲載された「私の教育観
商学士・下出義雄」では、明治維新後、欧米の諸学問を輸入して社会に普及する必
要があったため、学校教育は知識を授けることが最大の目的となっていたとしたう
えで、「今日の時代は学校の知識のみが社会に有用な時代にあらずして社会は学校
卒業生が単に知識のみを有するを以て満足せず加ふるに徳性及健康を一層強くする
声の益々高からんとする」と徳育の重要性を指摘した。教育者が社会から求められ
ているのは「国家の中堅となる可き堅実なる中流国民の養成」で、高等教育の学歴
ではないとも主張している。

　義雄は東邦商業学校において、徳育＝人格養成を重視する教育を実践しようとし
た。『東邦商業新聞』第 23 号（1930 年 2 月 28 日）掲載の「東邦商業学校全校生徒
父兄大会　父兄会に於ける講演大要　下出義雄」では、校是を「真面目」と定め、
「雋敏な才子よりも着実にして円満な常識あり気力ある人物を作りたい」「真に信頼
して事を任せ得るといふ様な人格を作り上げたい」と語った。義雄は「従来教育は
知・徳・体の三方面が並行的に効果を挙げてゆくように論じられてゐる」が、「私

は寧ろ徳育即ち人格養成を中心にして知育も体育も其一面の方法手段と解したい」
としており、知育・体育は人格養成の手段として位置づけられていた。

　創立から 10 周年を経た 1934 年 1 月、校長が大喜多寅之助から下出義雄（副校長
から昇任）に代わった。東邦商業学校は義雄が校長を務めた昭和 10 年代に躍進し、
名声を確立することになる。義雄は校長就任の際の訓示（『東邦商業新聞』第 50 号
1934 年 3 月 11 日に「下出校長により指摘せられたる本校の四大特異性」と題して掲載）
において、本校の特色は①「真面目」（「本校に於ける此の語の意味は何事も力一ぱい
徹頭徹尾励行する意味である」）、②「独立独歩」（私立で県や市の補助を受けていない）、
③「規律に厳格」（違反するものは容赦なく処分する）、④「家庭的なる学校」（「師を
敬愛すること慈父、慈兄の如く」「先生も亦生徒を子供や弟と同様に」「情愛に満ちた学校
生活」を送ることができる）、の「四大特異性」にあると強調した。この教育観は戦
時下でも基本的には変わっていないようで、『東邦商業新聞』第 68 号（1936 年 5 月
10 日）に掲載された「時代と教育　下出校長」においても、先にみた「私の教育
観」（『東邦商業新聞』第 16 号、17）と同様の内容となっている。校是の「真面目」
についても「真面目とは自己に偽りのない事である。思ふ事と、言ふ事と、行ふ事
の変らざる事である。行住坐臥、良心の命ずるまゝに為すことである」（『東邦商業
新聞』第 89 号 1938 年 3 月 11 日「校是『真面目』を生せ　下出義雄」）とされ、真面目
に関する逸話や文献が集約されたり（1939 年 4 月）、教諭の尾崎久彌によって『東
邦商業学校々報』に「まじめの研究」が執筆されたり（1941 年 3 月）と、学園全体
で議論が深められていった[3]。義雄の教育を通じて国家へ貢献しようとする意識
は、後述する戦時下の産業報国運動への挺身とも基底の部分で共通するものであっ
た。

　なお、自身もスポーツマンであった義雄は、人格養成の観点からスポーツを奨励
した。『東邦商業新聞』第 27 号（1931 年 1 月 26 日）の「スポーツは人格養成が目
的　下出義雄氏談」では、「東邦商業ではスポーツを単なる学生の娯楽や遊戯とせ
ず、人格養成を目的として規律、節制、忍耐、協同、服従等の美徳を実行的に自己
のものとさせ又運動によつて精神の緊張力を転換させ学修の根本的動力を養はうと
する考へで勝敗の如きは枝葉末節」とし、結果を重視するものではないと強調して
いる。ましてや、学校の宣伝を目的とするものであってはならないと義雄は考え
ており、「彼の運動競技の優秀を以て一種の学校広告となし、人気取りとなし売名
策として激励してゐるものゝ如きは根本に於て精神を異にし方法を異にしてゐる」

（『東邦商業新聞』第 59 号 1935 年 5 月 12 日「私のスポーツ観　下出会長談」）とも語っている [4]。

Ⅲ　欧米視察とその影響

　下出義雄は 1937 年 5 月から 9 月まで、日本経済連盟会の使節団に加わって米国・欧州（公式には英・独）を歴訪した。使節団は門野団長始め十余名で、4 月 28 日に横浜を出港して最初の訪問地の米国に向かった。一行は「国際経済整調と親善の重大使命を帯び」（『東邦商業新聞』第 79 号）ており、とくに日本製品の輸出を阻害する関税障壁について欧米各国と交渉する狙いがあった（『東邦商業新聞』第 85 号「欧米より帰りて」下出義雄）。義雄は使節団の中で最も年少であったがその活躍ぶりは目覚ましく、各地でその言動が絶賛されたという（『東邦商業新聞』第 84 号）。7 月 29 日にロンドンで使節団が解散された後は、単独で約 1 か月間、取引所・繊維工業・ホテル・「銅鉄」等、自身に関係のある事業を見学して廻った。フランス・イタリア・デンマーク・スウェーデン・ハンガリー・スイス・チェコスロバキア・オーストリア等、欧州各国を巡って、9 月下旬に帰国した（『東邦商業新聞』第 85 号）。

　『東邦商業新聞』には帰国後の義雄の欧米視察談がいくつか掲載されている。米国で義雄は産業組織の高度化（巨大資本化）を目の当たりにしたが、IBM 等の工場を視察してその技術力に感銘を受けた。『東邦商業新聞』第 88 号（1938 年 1 月 27 日）掲載の「アメリカの工業　下出義雄述」では、日本では独・仏・英に比べて米国を軽視する傾向があるが誤りとし、商工業では「何処までも近代的科学的見地に立つて、産業、規模、運用に就て、最も用意周到にして、無駄のない能率を最高度に発揮するアメリカの制度を学ぶべき事が相当にある」と強調している。とくに、IBM の視察では「如何なる困難なる計算も最も敏速なる速力を以て、而も正確一点の誤りなく活動する機械を作つていました」「〔計算機は〕人智の限りを尽くし技術の粋を発揮してゐるのであつて精妙、複雑なること神業に近きと思はゝ程」で「科学の尊さを、つくづく考へさせられる」と語り、「将来、否現代の産業こそは確かに利潤の単なる獲得にのみ営々たるべきものではなくして、真に科学に立脚し、奉仕の念を以て遂行する企業の精神こそは最後の勝利を得つゝあることを、この会社の視察に依つて、深く深く持つたような感想を得ました」と最大級の賛辞を述べ

ている。

　欧米と日本の技術力の格差も認識させられた点であった。『東邦商業新聞』第 92 号（1938 年 6 月 28 日）の「下出先生を中心に名高商講演部主催　座談会」において義雄は、「輓近日本の技術は大進歩を遂げたと申しますが、我々の見るところでは、漸く進歩のスタートを切つたところ、端緒を開いたに過ぎないと考へます。日本の斯界は前途遼遠—言葉に語弊がありますならば前途多望でせう」と率直に語っている。

　また、ナチス政権下のドイツで統制経済の運用や機構を視察したが、その評価については慎重な姿勢をとった。『東邦商業新聞』第 92 号（1938 年 6 月 28 日）「下出先生を中心に名高商講演部主催　座談会」において義雄は、自由経済は近代人の欲望を利潤を追って充たしてやろうとするため弊害もある半面、文化の向上には大いに役立つとし、予算本位で何事も切り詰めた範囲内でのみ仕事をすると文化の進展が緩慢になると指摘した。さらに「現代日本は統制経済時代でありまして、自由という文字はまさに抹殺されんとしてゐる状態」であるが、「私の考へでは統制経済万能でも、自由経済が絶対的でもないと思ってゐます。統制経済とか自由経済とかに偏することなく、云はばチヤンポンに両者の長所を取って適用するのが一番よいと考へてをるので御座ゐます」と語り、統制経済も万能ではないとの認識を示した。また、フューラー（総統）が全権を握り責任を負うドイツの指導者原理にもとづく統制経済のシステムを日本に直ちに当て嵌める必要はなく、企業（株主・経営者・労働者）が国家全体の利益を第一に考えて活動すればよい、とも語っている。かつて東京高等商業学校でデモクラットとして有名な福田徳三に師事した義雄にとって、古典的な自由主義経済の限界性は認識していても、一党独裁の国家指導体制下の経済統制に対しては非民主的なものとして抵抗感があったのではないかと思われる。

　欧米を視察した義雄は自由経済から統制経済への移行は必然的なものとの認識を強くしたが、統制経済の成否を分けるものは経済人の自身の社会的役割の認識にあると考えていた。『東邦商業新聞』第 96 号（1938 年 12 月 17 日）「自由経済から統制経済へ　下出義雄」は、愛知県学務部主催の県下中等学校公民科担任教師の研究会「普通教育公民部会」での講演を筆記したものであるが、ここで義雄は、巨大企業が市場を独占するようになり、市場が価格を自由に決定できなくなった自由経済の限界に対して、公共利益の観点から公定価格の設定などによる国家の経済統制が必

要となったことを指摘したうえで、統制経済でも個人の自由な経済活動の領域がなくなるわけではないため、経済人が自身の社会的役割を認識することが重要である（「一面溌剌たる個人の精神活動と、公共への奉仕の精神とが融合する事に依つて統制経済の精神となし得る」）と論じた。

Ⅳ　戦時下における政治活動への挺身

　下出義雄が経済使節団の一員として英国に滞在中、盧溝橋事件が発生して日中戦争に突入した。首相の近衛文麿は挙国一致を訴えて国民精神総動員運動を展開し、1938年4月には国家総動員法が公布され、政府が議会を経ずに物的・人的資源を動員することが可能になった。戦時体制のもとで名古屋地方経済は民生・軽工業から軍需・重工業へ急速に転換していった。帰国した義雄は戦争の長期化の可能性を指摘して世間の楽観論を戒める一方、日中戦争を祖先が為し得なかった「より重大なるより有意義なる事」「歴史あって以来の大事業」（『東邦商業新聞』第85号1937年10月30日「欧米より帰りて　下出義雄」）として評価した。義雄は、「暴支膺懲」の「聖戦」を支持し、日本の完全勝利以外に中国大陸に平和はないと訴え、国家総動員体制・経済統制に対して産業界が積極的に協力すべきであると主張した[5]。

　戦時下に産業報国運動が活発化すると、義雄が社長を務める大同製鋼でも社内に産業報国会を結成して活発な活動が展開された。1939年4月、政府の直接的指導のもと道府県連合会・警察署単位に支部連合会の組織が進み、同年12月に県知事を会長、名古屋商工会議所会頭の青木鎌太郎を副会長として愛知県産業報国連合会が結成され、義雄は常任理事に就任した。さらに1940年11月、大日本産業報国会が結成され（産業報国連盟は解散）、県産業報国連合会が愛知県産業報国会へと改組されると、義雄は大日本産業報国会で本部理事、県産業報国会では常務理事に就任した[6]。

　こうした状況下で義雄は、『東邦商業新聞』第110号（1940年10月3日）に掲載された「新体制と商業教育　下出義雄」において「商業は決して金儲を図る手段でもなく、従つて商業教育は金儲の方法手段を教育する処でもない」「商業とは即ち奉仕である。良品を安価に顧客に提供して、より多く奉仕することにあり、其の奉仕に対する謝礼を受くる事を得るのみである」とし、「教育を受ける各個人としての一身一家の将来よりも、個人の行動が如何によりよく国運の隆昌に寄与するかに

最大の重点を置かるべきと、固く信じて疑はない」「商業の観念が、資本主義経済の発展過程に端を発し、自由主義の思想の下に形成せられて来た影響に基く其の内容、仕細に就ては、多くの改むべき点を見出すものである」と、自由主義時代の商業・教育から、公益優先・滅私奉公の商業・教育へ転換を唱えた。さらに『東邦商業新聞』第111号（1940年10月26日）の「産業報国精神と商業教育　下出義雄」では、近衛公爵が提唱する新体制の名のもとに産業報国愛知県聯合会が結成されて産業界で産業報国運動の取り組みが活発化している一方で、教育界では産業報国運動と商業教育の関係が比較的軽んじられてきているとして、産業報国運動の精神に対する理解と修養、産業報国運動と学校教育の連携の必要を指摘した。

　その後、第二次近衛内閣のもとで新体制運動の結果、1940年10月に大政翼賛会が結成され、大政翼賛会愛知県支部が立ち上げられると、下出義雄は愛知県の大政翼賛会の中心メンバーとなった。また、中央協力会議の議員に愛知県から選出されて活動した。このころ義雄の身辺は多忙を極め、関係する会社・団体は数十に上っていた。大同製鋼はじめ四つの会社で社長を務め、名古屋株式取引所理事長、名古屋商工会議所副会頭の要職にあった。このため1941年11月に至って義雄は東邦商業学校の校長を退き、後任の隅山馨校長に交代することになった[7]。

　その後、愛知県の大政翼賛会の中心人物となっていた下出義雄は、東条英機内閣下の「翼賛選挙」において推薦候補に挙げられて出馬し、当選することになる。その意図について義雄は、産業界・教育界における自身の長年の経験を国政の場で活かすことができるとし、「私は及ばず乍ら三十有余年に亘る産業経済界の経験と二十年を超える教育事業の体験とを携へて国策樹立に参与し、政治と産業との調整統合に努め以て我国の高度国防国家建設の完成と南方地域の遥かなる経済開発に、多少なりとも微力を捧げたい覚悟であります」と訴えた[8]。具体的には、①実業家として「経済国策の樹立」に寄与する、②教育者の経験を生かして日本人をアジアの指導者に訓育する、としている[9]。さらに義雄は「これは要するに、私が終生の念願として信奉して参りました産業報国を、一層広い分野、一層強い力に於て実践し、職域奉公の赤誠を捧げようとするものに他なりません」[10]としており、戦時下における義雄の政治活動が自身の信奉する「産業報国」の実践活動の延長線上に位置づけられたものであったことが分かる。

第 3 章　昭和戦前期における下出義雄の活動と思想　　41

【注】

(1)　『大東亜建設　代議士政見大観』都市情報社、1943 年、543-545 頁。

(2)　『東邦学園五十年史』学校法人東邦学園、1978 年、27-29 頁。

(3)　前掲『東邦学園五十年史』63 頁。

(4)　この時期、東邦商業学校の運動部の活動は積極的でなかった。下出義雄はスポーツの
　　弊害についても指摘しており、硬式野球部も本格的な出発は 1930（昭和 5）年 5 月まで
　　遅れた。前掲『東邦学園五十年史』23-26 頁。

(5)　渡部茂「下出義雄氏に時局談を訊く」『人物展望』第 3 巻 27 号、1938 年 7 月。

(6)　真野素行「戦時下の翼賛体制と下出義雄」『戦時下の中部産業と東邦商業学校』愛知
　　東邦大学地域創造研究所編、唯学書房、2010 年、136-138 頁。

(7)　『東邦学園 50 年史』118 頁。『東邦商業学校々報』第 4 号（1941 年 12 月 24 日）「下出
　　義雄校長御退任　隅山馨校長御新任」。

(8)　国立国会図書館憲政資料室寄託「小山松寿関係文書」所収の下出義雄が選挙の際に配
　　布したビラより。全文を前掲、真野（2010 年）146 頁に収録。

(9)　前掲『大東亜建設　代議士政見大観』所収の選挙公報に掲載された下出義雄の政見よ
　　り。全文を前掲、真野（2010 年）146-148 頁に収録。

(10)　注（8）に同じ。

〈資料紹介〉　東邦学園所蔵の『東邦商業新聞』について

1　『東邦商業新聞』閲覧までの経緯と現況について

　この史料は『東邦学園五十年史』等にも紹介されているものであるが、最近まで
学園関係者の間でもほとんど所在が知られていなかった。今回、森靖雄氏（愛知東
邦大学地域創造研究所顧問）によって史料が「再発見」され、研究に使用できるよう
になった。

　『東邦商業新聞』は後継誌にあたる『東邦商業学校々報』と一緒に 5 冊に製本さ
れて愛知東邦学園に所蔵されていた。ただし、発行年月の順に製本されておらず、
紙の劣化や破損、欠号や重複が多くみられる。また、綴じ目が開けられず読めない
部分がある。

2　史料の概要について

①『東邦商業新聞』

　奥付には「発行兼編集人青木和信、印刷人英比貞造、発行所東邦商業新聞部」と

記載されている（第81号の場合）。発行兼編集人は新聞部顧問（東邦商業学校教諭）が務めている。東邦商業新聞部の歴代顧問は日下部盛一、後藤保吉、青木和信、村松俊雄、三宅貫一の諸氏で、その指導のもとで学生の部員たちのたゆまぬ努力によって発行が続けられた（『東邦学園五十年史』86、89頁）。当時、中等学校レベルでの学校新聞の発行は全国的にきわめて少数の例しかなく、東海地方においては『東邦商業新聞』が唯一の存在であったという（『東邦学園五十年史』24-25頁）。

　創刊時期は第一号が失われているので明確でないが、のちの廃刊の辞によれば1927（昭和2）年5月の創刊とされる。第10号（1928年6月23日発行）から一部を除いて廃刊までの号が愛知東邦学園に現存している（表3-1）。欠号は第1〜9号のほか、12・30・31・33・36・40・44・45・53・56・57・60・72の各号である。戦時体制下の物資統制により、新聞の廃刊により用紙を節約して国策に協力するとして1940年10月26日の第111号で廃刊になった（『東邦商業新聞』第111号「廃刊之辞　編輯部」）。

　紙面の面数は時期によって異なり、一定しない。全4面・6面・8面が比較的多いが、全2面や10面の号もある。また、刊行間隔も半月〜三か月と一定しない。平均すると「年七、八回のペース」（『東邦学園五十年史』86頁）とされるが、時期によりばらつきが大きい。

　紙面の特徴が分かるよう、表3-2に第81号の全掲載記事の一覧を掲げた。入学式・卒業式、春・秋の運動会など折々の学校行事や、野球部の試合結果などクラブ活動の様子が詳しく報じられている。とくに1935年以降はクラブ活動の隆盛を反映して、毎号のように各クラブ優勝の記事が紙面を飾り、状況描写も詳細をきわめて躍動的であった。学園の活動、運動部の活躍を中心に、時事問題、経済界の動向にまで関心を広め、その内容を高めていった（『東邦学園五十年史』24-25・86頁）。

②『東邦商業学校々報』

　奥付の記載は「発行兼編集人三宅貫一、印刷人英比貞造、印刷所扶桑社、発行所東邦商業学校」となっている（第4号の場合）。元新聞部顧問が引き続き編集・発行を担ったが、発行所は学校本体に代わっている。正確な創刊時期は不詳であるが、『東邦商業新聞』が廃刊となった1940年10月から翌年7月までの間に創刊された。この『東邦商業学校々報』については、従来ほとんど知られておらず、わずかに『東邦学園五十年史』に「〔東邦商業新聞の廃刊後に〕代わって『校報』が断続的に

発行されることもあったが、本格的な再出発は、戦後の『東邦新聞』に待たなければならなかった」(86頁)と記述があるのみである。

　紙面は全2面で、不定期で刊行されたものと思われる。東邦学園に現存するのは、1941年7月12日発行のもの（号数の記載なし。創刊号か第2号）、第3号（同年11月12日）、第4号（同年12月24日）である（表3-1）。

　表3-3に全掲載記事の一覧表を掲げた。紙面は裏表のみであるため、校長の訓示などが掲載される第一面については大きく変わった印象はないが、第2面のクラブ活動などの学園生活の記事は『東邦商業新聞』と比べて大幅に簡略化されている。

3　史料の重要性について

　『東邦商業新聞』の史料的価値は高く、『東邦学園五十年史』編さんの際に基本史料として参照され、本文中にも頻繁に引用されている。『東邦学園五十年史』には「五十年史の編集にさいし、われわれはこの『東邦商業新聞』にどれだけ助けられたことか、はかり難いものがあった」(89頁)と記されている。とくに校長の訓示など下出義雄の発言が多く掲載されており、同氏の動向や思想を検討する手がかりになる。また、学園関係者の記事・寄稿も多く、戦時期の下出義雄の人脈の一端を窺うことができる。

表 3-1　『東邦商業新聞』

号数	発行年月日（和暦）	年（西暦）	総面数	備考
1～9	欠号			
10	昭和 3 年 6 月 23 日	1928 年	6	1・2 面破レ
11	昭和 3 年 7 月 17 日	1928 年	6	
12	欠号			
13	昭和 3 年 10 月 1 日	1928 年	6	複数あり
14	昭和 3 年 11 月 1 日	1928 年	6	複数あり
号外	昭和 3 年 11 月 15 日	1928 年	4	
15	昭和 3 年 12 月 1 日	1928 年	6	1・2 面欠
16	昭和 4 年 1 月 12 日	1929 年	8	複数あり
17	昭和 4 年 2 月 10 日	1929 年	8	複数あり
18	昭和 4 年 3 月 10 日	1929 年	8	1・2・7・8 面破レ
19	昭和 4 年 4 月 22 日	1929 年	6	複数あり
20	昭和 4 年 7 月 24 日	1929 年	4	
21	昭和 4 年 9 月 17 日	1929 年	8	附録あり「初秋文芸号」
22	昭和 4 年 12 月 21 日	1929 年	6 ？	3・4 面以外は欠。
23	昭和 5 年 2 月 28 日	1930 年	8	7・8 面欠
24	昭和 5 年 5 月 12 日	1930 年	4	
25	昭和 5 年 8 月 19 日	1930 年	4	
26	昭和 5 年 10 月 18 日	1930 年	4	
27	昭和 6 年 1 月 26 日	1931 年	4	
28	昭和 6 年 4 月 28 日	1931 年	4 ？	1・2 面以外は欠
29	昭和 6 年 5 月 12 日	1931 年	4	複数あり
30	欠号			
31	欠号			
32	昭和 7 年 1 月 15 日	1932 年	4 ？	1・2 面（破レ）以外は欠
33	欠号			
34	昭和 7 年 4 月 30 日	1932 年	4	
35	昭和 7 年 5 月 12 日	1932 年	4	
36	欠号			
37	昭和 7 年 7 月 18 日	1932 年	4	
38	昭和 7 年 9 月 30 日	1932 年	4	
39	昭和 7 年 10 月 9 日	1932 年	4	
40	欠号			
41	昭和 8 年 1 月 31 日	1933 年	4	
42	昭和 8 年 3 月 2 日	1933 年	4	

43	昭和 8 年 4 月 30 日	1933 年	6	
44	欠号			
45	欠号			
46	昭和 8 年 7 月 15 日	1933 年	4	
47	昭和 8 年 9 月 25 日	1933 年	4	
48	昭和 8 年 11 月 18 日	1933 年	8	1・2・7・8 面以外は欠
49	昭和 9 年 2 月 11 日	1934 年	4	
50	昭和 9 年 3 月 11 日	1934 年	4	
51	昭和 9 年 5 月 12 日	1934 年	6	
52	昭和 9 年 7 月 14 日	1934 年	6	
53	欠号			
54	昭和 9 年 12 月 8 日	1934 年	6	3・4 面欠
55	昭和 10 年 1 月 28 日	1935 年	4	
56	欠号			
57	欠号			
58	昭和 10 年 5 月 2 日	1935 年	4	
59	昭和 10 年 5 月 12 日	1935 年	4	
60	欠号			
61	昭和 10 年 7 月 18 日	1935 年	4	複数あり
62	昭和 10 年 9 月 30 日	1935 年	6	
63	昭和 10 年 10 月 13 日	1935 年	4	
64	昭和 10 年 12 月 2 日	1935 年	6	
65	昭和 10 年 12 月 20 日	1935 年	4	
66	昭和 11 年 1 月 25 日	1936 年	8	複数あり、1・2・7・8 面以外は欠
67	昭和 11 年 3 月 11 日	1936 年	4	
68	昭和 11 年 5 月 10 日	1936 年	8	複数あり
69	昭和 11 年 6 月 14 日	1936 年	6	複数あり
70	昭和 11 年 7 月 16 日	1936 年	4	複数あり
71	昭和 11 年 9 月 22 日	1936 年	6	複数あり
72	欠号			
73	昭和 11 年 10 月 10 日	1936 年	6	複数あり
74	昭和 11 年 11 月 24 日	1936 年	4	複数あり
75	昭和 11 年 12 月 18 日	1936 年	4	
76	昭和 12 年 1 月 26 日	1937 年	6	複数あり
77	昭和 12 年 2 月 22 日	1937 年	4	複数あり
78	昭和 12 年 3 月 11 日	1937 年	4	複数あり
79	昭和 12 年 4 月 30 日	1937 年	6	複数あり

80	昭和 12 年 5 月 10 日	1937 年	6	複数あり
81	昭和 12 年 6 月 20 日	1937 年	6	複数あり
82	昭和 12 年 7 月 20 日	1937 年	6	複数あり
83	昭和 12 年 8 月 20 日	1937 年	2	複数あり
84	昭和 12 年 9 月 20 日	1937 年	6	複数あり
85	昭和 12 年 10 月 30 日	1937 年	4	複数あり
86	昭和 12 年 11 月 30 日	1937 年	6	複数あり
87	昭和 12 年 12 月 15 日	1937 年	4	複数あり
88	昭和 13 年 1 月 27 日	1938 年	6	複数あり
89	昭和 13 年 3 月 11 日	1938 年	6	複数あり
90	昭和 13 年 4 月 23 日	1938 年	8	複数あり
91	昭和 13 年 5 月 12 日	1938 年	4	複数あり
92	昭和 13 年 6 月 28 日	1938 年	6	複数あり
93	昭和 13 年 7 月 18 日	1938 年	6	複数あり
94	昭和 13 年 9 月 28 日	1938 年	6	複数あり
95	昭和 13 年 11 月 12 日	1938 年	8	複数あり
96	昭和 13 年 12 月 17 日	1938 年	6	複数あり
97	昭和 14 年 2 月 1 日	1939 年	4	複数あり
98	昭和 14 年 3 月 8 日	1939 年	6	複数あり
99	昭和 14 年 4 月 29 日	1939 年	10	複数あり
100	昭和 14 年 5 月 31 日	1939 年	8	複数あり
101	昭和 14 年 7 月 4 日	1939 年	6	複数あり
102	昭和 14 年 9 月 16 日	1939 年	4	複数あり
103	昭和 14 年 11 月 15 日	1939 年	6	複数あり、3・4 面欠
104	昭和 14 年 12 月 19 日	1939 年	6	複数あり
105	昭和 15 年 2 月 19 日	1940 年	4	複数あり
106	昭和 15 年 3 月 8 日	1940 年	6	複数あり
107	昭和 15 年 5 月 8 日	1940 年	6	複数あり
108	昭和 15 年 6 月 20 日	1940 年	4	複数あり
109	昭和 15 年 7 月 17 日	1940 年	4	複数あり
110	昭和 15 年 10 月 3 日	1940 年	6	複数あり
111	昭和 15 年 10 月 26 日	1940 年	4	複数あり、最終号

『東邦商業学校々報』

号数	発行年月日（和暦）	年（西暦）	総面数	備考
不明	昭和 16 年 7 月 12 日	1941 年	8	
3	昭和 16 年 11 月 12 日	1941 年	6	複数あり
4	昭和 16 年 12 月 24 日	1941 年	2	

第3章 昭和戦前期における下出義雄の活動と思想

表3-2 『東邦商業新聞』第81号（1937（昭和12）年6月20日発行）掲載記事一覧

掲載面	記事見出し	内容・備考
1	経済折衝を果し経済使節団欧州へ　下出校長先生御活躍　六月十六日ノーマンデー号で	下出義雄の通信文／使節団の行程表
2	生徒の熱田神宮参拝は小生にとり感謝に堪へず候　下出校長先生御通信　五月二日龍田丸より	
	恒例の全校生徒父兄会　下出先生本校設立趣旨を説明	
	重富校長代理ノ挨拶大要	
	掲示板	生徒諸君へ、東海生
	加納少将本校教練を視察	
	学校日誌	予定表、6月15日〜7月17日
3	学生短歌講座	加藤今四郎
	警世通言醒世恒言の二書に付きて（上）	小島良三
4	苦言、忠告	尾崎久彌
	修学旅行誌	名古屋・神戸・瀬戸内海・博多・高松・高松近郊・名古屋
5	夏の大会を前に野球部各地に転戦	
	陸上競技部三年連覇を完成　六校連盟陸上競技優勝大会	
	昨年の雪辱を遂げ堂々愛知代表権掌握　第八回全日本中等学校剣道大会愛知予選	
	快晴に恵まれ東邦健児勇躍す　創立記念春季運動会	運動会の各種目の成績上位者の氏名など
6	卒業生のことば	第一回卒業生・松本次郎／第十回卒業生・土屋節雄
	時事問題解説（第一講）	沼津の春繭取引・八年来の高値・相場の基準掛目とは
	学校ニュース　二宮尊徳先生をしのぶ講演会／映画大会開催さる／海軍記念日に山本海軍少将講演／心地よい健児団の校内清掃奉仕／神風歓迎提灯行列　本校生徒参加／目指すは日本一健児団の初キャンプ／上級学校志望者に恒例の座談会	
	学生の声	5A 杉山錦吾
	編集後記	

48

表 3-3 『東邦商業学校々報』第 4 号（1941（昭和 16）年 12 月 24 日発行）掲載記事一覧

掲載面	記事見出し	内容・備考
1	下出義雄校長御退任　隅山馨校長御新任	新体制と学生生活　隅山馨／第二回協力会議各界代表として　下出義雄先生／遊休未動設備　下出義雄先生述　朝日紙
	新卒業生に贐（はなむけ）する言葉	隅山馨／中村豊吉／倉林龍吉／堀田鎰次郎／尾崎久彌／勝崎猪之助／小川久通／杉山惣三郎／尾崎秀俊／伊藤安之助／坂柳太一／伊藤鎮太郎／村松俊雄
2	日露戦争頃の中等学生気質	小川久通
	日清戦争の頃	松田長次
	勤労奉仕礼状　南区星崎町新浜農事実行組合長	岩田平八
	臨戦体制下に於ける我等の覚悟	五年　早川富次郎
	報国団記録	音楽班の全国制覇／蹴球班／野球班
	東海戦技訓練大会	
	短歌	
	編集後記	三宅

第4章　八重垣劇場誕生とその時代

木村　直樹

　知る人は少なくなっている八重垣劇場の在りし日を素描したいと思いますが、著者自身も入ったことはありません。『名古屋市中区史』(1991年) に小さな紹介記事を書いて以来、ずっと気になっているので、この機会に断片を集めてひとつに構成してみようと思います。

　東京近代美術館フィルムセンター degital gallery に「第9回戦前期日本の映画館写真」として、「本町通りに1930年10月15日開館した八重垣劇場は、スパニッシュ様式の鉄筋鉄骨コンクリート造で、良質なウェスタン・エレクトリック社の発声装置を付けたトーキー映写機を備えていた。経営方式も映画経済論の論客であった映画評論家を常務取締役に迎えた株式組織で、番組編成は芸術的な外国映画を中心に『映画の実験室』を標榜した。定員は492名。戦中の空襲でも焼け残ったが、1962年に閉館した」とある。資料4-1は開館時のポスター（東邦学園蔵）である。

Ⅰ　八重垣劇場誕生前後

　1930（昭和5）年10月15日、八重垣劇場が名古屋城南、名古屋市西区本町御門南（正式には南外堀町六丁目二十七番地）、名古屋控訴院の跡地に開設された。この年、10月10日開館したばかりの名古屋市公会堂で「名古屋市100万人突破並びに四大事業竣工祝賀式」が持たれた。しかし人口は実際には90万7,404人であった。四大事業とは公会堂、中川運河、堀留下水処理場、第三期水道拡張のことで、市営バスが営業開始し、国産乗用車アツタ号も大隈鉄工、日本車両、岡本自転車、豊田式織機（豊田家とは関係が断たれ、のちの豊和工業、豊田佐吉はこの年に死去）の共同事業で製作された。この背景には1927（昭和2）年に市長になった大岩勇夫の「中京デトロイト構想」があった。

　他方、金融恐慌、世界恐慌の波が押し寄せたあとであり、米価が暴落し農村の疲

資料 4-1　八重垣劇場開館時のポスター

弊と失業者の群れが街にあふれていた。「市民の血税で、芸者を呼んで大騒ぎをする、大岩市長を葬れ！」と、近藤信一、赤松勇ら（新労農党）は市公会堂の祝賀会へデモをかけた。それほど市民のなかに温度差があった。

同年8月に鈴木バイオリン分工場で賃下げ撤回のストライキが発生していた。のち1935（昭和10）年には、下出義雄が鈴木バイオリン再建のため社長に就任した。

映画館港座（古川為三郎経営）では、4月1日から日活第1回トーキー映画、溝口健二監督『ふるさと』を公開していた。ドイツではマレーネ・ディートリッヒ主演映画『嘆きの天使』がこの年公開されて、初期トーキー作品の傑作となった。若き映画評論家岩崎昶が「すべての芸術はイデオロギーの容器である。そして、映画は、フィルムの姿に於ける三十五ミリ幅のイデオロギーの帯である」（『中央公論』1930年7月号）と言い放った年でもあった。

この1930（昭和5）年にはロンドン軍縮条約が締結された。翌年三月事件、十月

事件など陸軍のクーデター計画など不穏な動きが生まれた。

　このころ下出義雄の弟下出隼吉は社会学と明治文化研究に打ち込んでいる最中で体調を崩し、翌年に亡くなった。

Ⅱ　八重垣倶楽部

　八重垣劇場は、財界人などの社交場八重垣倶楽部の建物の南に建築された。資料4-2は1929（昭和4）年1月調べの地図で、○を加えたあたりは、いま名古屋銀行協会のビルが建っている場所である。その北半分が「空地」、その南に「八重垣倶

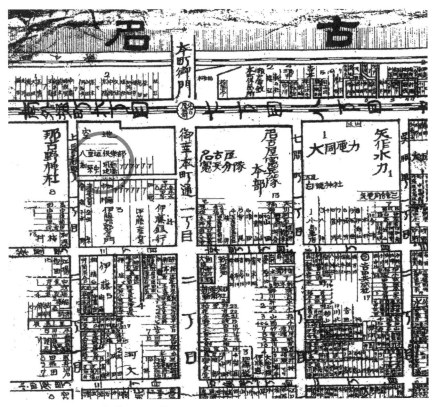

資料4-2　八重垣劇場の周辺図

楽部新築中」と「劇場用地」とある。八重垣倶楽部の建物が出来たあと、芸者たち
が演じた舞台を利用して1930（昭和5）年3月22日と23日に、プロレタリア演劇
を目指す新美術座がジュール・ロマン作『クノック』、瀬戸英一作『奥様御覧御無
用』などを試演した。観客がすでに入場して開幕を待っているのにここは劇場では
ないと愛知県警察部保安課から横やりが入ったが、名古屋新聞の佐藤伊兵のとりな
しでかろうじて上演に漕ぎつけた（松原英治『名古屋新劇史』1960年）。

　1921（大正10）年頃の中央バザー（栄ホール）での「夜の劇場」公演に岡戸武平、
尾崎久弥（下出義雄の一中時代同級生、東邦商業教師、校長、近世文学研究家、『下出民
義自伝』編者）らのほか、大勢の新聞記者たちが参加して以来、新しい演劇や文芸
が注目されるようになった。

　この劇団新美術座は1930（昭和5）年6月29日には御園座に進出し、三好十郎
の『疵だらけのお秋』などを上演した。次に八重垣劇場が開演した3日後の10月
18日、名古屋市公会堂（10日落成、13日一般公開）で落合三郎（佐々木孝丸）脚本
『荷車』『筑波秘録』、徳永直原作『太陽のない街』を上演、このときエキストラの
第八高等学校生徒が「俳優鑑札」がないとの理由で逮捕された。なお新美術座はこ
の年の11月5日、名古屋前衛座と改称して、プロット（プロレタリア演劇同盟）に加
盟した。12月2日には全協（日本労働組合全国協議会）中部地区協議会のメンバー、
小沢健一、松宮久一、五十君章ら百数十名が治安維持法違反容疑で逮捕された。

　1930（昭和5）年は、昭和3年、4年に続く弾圧の年でもあった。成田定七は八
高で読書会、社会科学研究会を都留重人らとやって退学処分を受け、浅野紀美夫は
八高界隈の滝子で古書店「南天堂」を開き、社会主義文献を販売した。東京では野
呂栄太郎が『日本資本主義発達史』（鉄塔書院）を刊行し、コミンテルンに派遣さ
れる野坂参三から産業労働調査所を任された。

　同じ年の2月21日には共産党大弾圧（1928年3・15事件）の大審院判決で、長谷
川民之助らが治安維持法違反で懲役3年の刑を宣告され、12月2日以降、都留重
人ら八高反帝同盟のメンバーも治安維持法違反の容疑で逮捕されるという冬の時代
が訪れ、この年、東京では三木清が治安維持法違反で逮捕された。

Ⅲ　八重垣の由来

　八重垣劇場は八重垣倶楽部内に八重垣劇場創立事務所が作られたように名前はこ

第4章　八重垣劇場誕生とその時代　　53

資料4-3　八重垣劇場外観

の倶楽部に由来する。八重垣倶楽部の八重垣は那古野神社の祭神須佐之男命が出雲で宮を創ったとき読んだ歌「八雲立つ　出雲八重垣　妻籠みに　八重垣作る　その八重垣を」(『古事記』)に由来する。

　そうして那古野神社の東側を八重垣横町(小路)と呼ぶようにもなった。『本朝二十四孝』の芝居を福澤桃介が勝頼、川上貞奴が八重垣姫で、二葉御殿でやったりした影響で、八重垣の名前がついた倶楽部ができたのかも知れない。

　それにしても古風な名づけと洋風建築と洋画の共存は名古屋の特徴でもある。建築設計は松坂屋を手掛けた城戸武男(鈴木禎次門下、建築史の城戸久の兄)であった。当初案はファサードの庇屋根は和風だったが、変更された。一本南の京町筋には伊藤次郎左衛門宅、伊藤銀行が並んでいた。本町通りを挟んで東側には名古屋憲兵隊本部があり、その南には「新愛知」新聞社などがあった。

Ⅳ　モダン映画館

　こんな時代状況に誕生した八重垣劇場は名古屋の人口100万人(実際は1934(昭和9)年に到達)記念に刊行された『百萬名古屋』(1932年)では次のような最大級の賛辞を贈られている。

　「名古屋の武蔵野館とも称すべき芸術映画館、凡そ映画に就いて語らうとする者は、一度は八重垣劇場のボックスに納まって異国的な場内の空気を満喫せなければ

ならない。僅々四五百の観客しか収し切れないであらう小劇場ではあるが、奇麗で、あっさりしてゐる点所謂嫌味のないモダン映画館である。喫烟飲食物を場内で許さないところも嬉しい。パラマウント、メトロ、ワーナアブラザアス等々の作品、発声映画だから解説は不用だと云われてゐるが、清水、英の如き名解説者が居る。時には徳川夢声が来たり、千歳、松竹と同じく、大辻司郎が狭い舞台を口だらけにして漫談をやることもある。映画批評に於て吾邦に於ける権威者石巻良夫氏の支配するだけあって、常に八重垣劇場は名古屋映画界の尖端を切って居る。だから──常に八重垣劇場は儲からない──との世評、儲かる儲からぬは別問題として、中京映画芸術のために、又所謂芸術映画ファンのために八重垣劇場の存在価値は莫大なもので有る」。さらに碁盤割の極北点にある八重垣町を紹介して、「ほんの一丁に足らない通りだが、あのすっきりしたモダン長屋の並んだ街を行く時、誰だって晴れやかな気分にならない者はなからう。西洋映画専門の高級映画館八重垣劇場、文化おでん、抹茶、洋食、みんな夫々近代的な粋を見せ店舗の装飾に凝ってゐる。芸術街と云って誰が抗議を申出でやう。この意味に於て八重垣町はモダン名所の中でも最も、ウルトラ級に在ると云はねばならない」。

　1938（昭和13）年10月7〜9日、新協劇団の『デッド・エンド』上演もあった。

V　中京財界と労働者大衆

　この八重垣劇場は下出義雄（1890（明治23）年大阪生まれ）を社長にして、伊藤次郎左衛門（名古屋商工会議所会頭）、岡谷惣助（同副会頭）など財界人のバックアップで設立された。その「創立趣意書」に「映画事業ハ近代文明ノ生メル新興産業」、「米国ニ於ケル映画事業ハ躍進的発展ヲ遂グ」、「映画事業ノ進歩ハ先ヅ経営ノ改善ニ始マル」、「八重垣劇場ハ健全ナル娯楽ヲ選ビテ提供ス」、「八重垣劇場ハ新ラシキ繁華ノ中心ヲ形成ス」、そして最後に「八重垣劇場発起人ハ中京財界ノ有力者ナリ」という見出しが掲げられて、「世上投資家ノ注意ヲ喚起スルニ足ル」という一文が挿入された。下出義雄が名古屋株式取引所理事長ゆえである。「起業目論見書」に「本会社ハ株式会社八重垣劇場ト称シ活動写真、演劇其他諸興行ノ経営及ビ其附帯事業ヲ営ムヲ以テ目的トシ本社ヲ名古屋市ニ置ク」とし、「本会社ハ株式会社八勝倶楽部ノ厚意ニ依リ」廉価で土地の譲渡を受けた旨記述された。この八勝倶楽部の取締役も下出義雄であった。

第 4 章　八重垣劇場誕生とその時代　　　　　　　55

　支配人には伊藤次郎左衛門（友松、祐民、1978（明治 11）年茶屋町生まれ）の友人
石巻良夫（1886（明治 19）年岡崎生まれ）を選んだ。祐民にデパート経営をすすめ
たのは石巻だった。傑出した経営者伊藤次郎左衛門は、「大衆経済時代」（『名古屋
商工会議所月報』1930 年 1 月）と題して、「欧州戦後に於ける明治民主主義思潮の勝
利と普選の断行と社会運動の台頭とに育成せられ勇気づけられた大衆の力は、意識
無意識の裡に強大な勢力となって社会のあらゆる事象を決定し、加ふるに世界を風
靡せんとするアメリカニズムの影響もあって、一層大衆化を盛ならしめてゐる」と
いう時代認識を持っていた。

　都市は人々が集まる市場や寺社そして交通の要衝から生まれた。そして、「塵埃
の中に働く市民の息づきに集まるもので、晴れた日の公園に遊園地は一杯だ。西班
牙踊リッ子テレジナの公演で、公会堂の夜の灯が輝いてゐる。赤いポスターが電柱
に張られた。新築地のプロレタリア劇『風の街』が御園座で開演するのだ。横暴な
る××家を倒せのポスタア『××工を救へ』のビラが撒かれる」（『百萬名古屋』）と
いう光景が現出した。因みに「××家」は「資本家」、「××工」は「臨時工」と推
定する。

VI　下出義雄と映画の因縁

　下出義雄は映画をどう捉えていたのだろうか。下出文庫には映画関係のものはほ
とんど見当たらないが、下出と映画の因縁といえるものに東京神田錦町にあった錦
輝館がある。1918（大正 7）年焼失の後、ビルに建て替わり下出義雄が経営する下
出書店も入居していた。焼失前の貸ホール時代、エジソン発明の電気作用活動大写
真（ヴァイタスコープ）の上映会場になり、その後もニュース映画を日本初上映し
た洋画の映画館になった。

　錦輝館は 1908（明治 41）年 6 月 22 日、山口孤剣の出獄歓迎会がここを会場にし
た。解散後に赤旗事件（錦輝館事件）という荒畑寒村、大杉栄、菅野スガ、堺利彦、
山川均らの逮捕騒動が起きたことで知られている。下出書店の刊行物、レーニン
『労農革命の前途』（1921 年）、ディーツゲン『プロレタリアの哲学』（1921 年）、宮
島資夫『第四階級の文学』（1922 年）などに反映された時代であった。

Ⅶ　石巻良夫という人物

　石巻は 1904（明治 37）年 5 月、「平等平和」をスローガンにする平民新聞購読協会（事務所は矢木健次郎の平民新聞販売取次所誠進堂内）に参加して、大杉栄、西川光次郎らと交流した。幸徳秋水とも交流、鈴木楯夫、矢木健次郎らとともに日本社会党に入党した。しかし、1907（明治 40）年 2 月 22 日、日本社会党は治安警察法違反で結社禁止、4 月 13 日『平民新聞』も発禁になった。石巻は『労働運動の変遷』（1903 年）、『原始的共産制』（1907 年）などを著したが、発禁処分を受けた。扶桑新聞記者当時、西川を招いたとき矢木の誠進堂に中京新聞の中原指月（のち松竹映画）、大阪朝日新聞名古屋支局の小山松寿（のち名古屋新聞創刊）などが集まった。石巻はそののち名古屋新聞の記者になり、大逆事件では天皇暗殺の謀議に加わったのではないかという嫌疑がかかった。1914（大正 3）年の電車焼き討ち事件後、名古屋新聞の記者をやめ、浅井竹五郎（陶器貿易商）の紹介で名古屋銀行集会所嘱託振替係となった。これが財界人とのつながり、八重垣劇場に結実した。

　石巻は大逆事件の暴風を避け得たのち、転向証明のような『伊勢神宮に関する研究』（中央金物新報社、1915 年）や『手形交換所の実務』（文雅堂、1922 年）など銀行関係書を数冊執筆し、一方『活動写真経済論』（文雅堂、1923 年）、『欧米及日本の映画史』（プラトン社、1925 年）などの映画関係書をまとめ、一時、撮影所を作り貯蓄映画『希望に輝く』、花柳病映画『青春の罪』などの映画製作にも携わった。極めつきは『発声映画の智識』（国際映画通信社、1929 年）の出版であった。チャップリンを愛した石巻を得て、八重垣劇場はスタートを切った。それでもどうしたわけか、5 年後には石巻は上京してしまう。城戸四郎の知遇を得て、松竹の宣伝文やシノプシスを作り、1945（昭和 20）年 10 月 1 日死去した。

　八重垣劇場関係の記述はないが、柏木隆法氏の「石巻良夫と名古屋社会主義研究会の人びと」（『大逆事件の周辺』論創社、1980 年）は有益である。

Ⅷ　名古屋銀行集会所

　名古屋銀行集会所は 1889（明治 22）年名古屋周辺の 10 銀行で設立された愛知同盟銀行集会所に起源をもち、手形交換、手形割引、送金手形などの取り扱いをした。1894（明治 27）年、手形交換中止とともに廃止されたが、再び 1898（明治 31）

年に名古屋銀行集会所として発足。1902（明治35）年名古屋交換所を設置、1919
（大正8）年名古屋手形交換所と改称、1909（明治42）年9月財団法人名古屋銀行集
会所（東区南久屋町三丁目四十五番地）となる。1910（明治43）年5月には、移転新
築（中区南鍛冶屋町三丁目一番地）した。『50年のあゆみ』（名古屋銀行協会、1995年）
に詳しい経緯が載る。

　この集会所は銀行関係者ばかりでなく、1919（大正8）年2月9日の「普選市民
大会」（会場名古屋国技館）一万人集会のあと新愛知の桐生悠々、名古屋新聞の小林
橘川、憲政会代議士尾崎行雄らの懇親会もここを会場にした。1931（昭和6）年8
月、八重垣倶楽部の北側に新築移転。戦後の1945（昭和20）年9月、解散して名
古屋銀行協会となり、事務所を東海銀行本店に移す。しかし、集会所の建物は12
月進駐軍に接収され、1957（昭和32）年7月1日に返還された。

IX　異色の経営者下出義雄

　下出義雄は下出書店の経営でも弟隼吉ほか社会主義者などを人材活用した異色の
経営者であった。学問を大切にする読書家で、教育者でもあった。八重垣劇場誕生
の前年1929（昭和4）年には名古屋株式取引所理事長に就任している。下出が八重
垣劇場の社長になったのは周囲から推されてのことで、石巻や映画との関係も薄
かったと推測する。モダン都市名古屋の成立の基盤は産業であるが、労働者のプロ
レタリア文化もモダン都市を構成した。

　1931（昭和6）年6月、下出は大同電気製鋼所社長に就任した。7月、木曽川電
力社長にも就任（それ以前は支配人）。4月1日に重要産業統制法、9月18日には満
州事変が起きて、軍需に傾斜し始めた。1934（昭和9）年6月には名古屋証券取引
所理事長、11月には東邦商業学校校長に就任する。

　八重垣劇場設立趣意に、映画を新興産業ととらえて設備は最新、最高にして、翌
1931（昭和6）年にはエルモ社（名古屋本社）の16ミリ映画大公開の場にもなった。
エルモ社は1927（昭和2）年16ミリの国産化に成功していた。

　「名古屋に行けば下出義雄がゐる。名古屋には松坂屋の伊藤次郎左衛門あり、商
工会議所会頭、内閣調査局参与の岡谷惣助あり、愛知電気時計の青木鎌太郎あり、
豊田自動織機の豊田利三郎ありといった具合に、人材は決して乏しいとせぬが、そ
れらの人士に伍して下出の存在が光ってゐるのは主としてその人格的魅力と革新的

思想にもとづくものであろう。彼は一般財界人と異なり、学究的な理想家肌の持味をもってゐる。俊敏明哲な頭脳は故福田徳三博士から極力学者として世に立つ様に薦められたといふ事でもわかる。彼は驚くべき読書力を以てあらゆる種類にわたって読破して行く。新刊書で彼の眼からはづれるものはまづ無いといっていい位だ。この点は専門の学者でも、彼ほど精力的に読書はでき得まいと思はれる。彼は『老子』を好んで読むが、それだけでも彼の為人がよくわかる様な気がする。現在はどうか知らぬが、以前彼は『八重垣劇場』なる高級映画館を経営してゐた事がある。勿論、金儲けのためではないので、これに依って比較的に文化発達の遅れてゐる中京人士の情操を陶冶せんとしたものだ。又、彼は私財を投じて商業学校を設立し子弟の育英に努めてゐることも多とすべきである」と永松浅造、山崎一芳『革新陣営の人びと』（東海出版社、1942年）に人物評が出た。この「革新」という言葉のニュアンスは今と違って、戦争を統制経済のもとに遂行する思想を指し、徳川義親、近衛文麿、西園寺公望から、満州事変の企画者石原莞爾まで大勢の人士が幻惑された。

X　高級映画ファンのメッカ

「田舎の小学生が、二十何人か新愛知の見学を終へてから、劇場へやって来た。子供達にトーキーを聞かせて、現代の文化がいかに超スピードで向上しつつあるかを、実物について教へやうとするほどに頭のいい先生が田舎にもあることを知って私はうれしかった。……劇場を始めてから一年四か月、その間にこれほど深い感激をお客から受けたことがない而かもそのお客といふのは田舎の小学生だ。イヤ、その小学生を引率して来た先生だ」（「八重垣風景」『百萬名古屋』）と支配人石巻がもらした気持ちは、おそらく下出と共有したものではなかったか。下出はこの名古屋城周辺という陸軍の一大基地の南に文化商業区を構想していた。それは八勝倶楽部や八重垣倶楽部の財界人たちとも共有していた。

トーキーは文化・文明の進化を表わしているが、一方、トーキーの導入が活弁、映画説明を仕事にしていた人々を圧迫するようになり、名古屋でも1933、34（昭和8、9）年に大須、世界館、万松寺、帝国館をはじめ、「トーキー・スト」と呼ばれるストライキが頻発した。弁士堺耕村が委員長となり日本労働組合総評議会中部地方評議会（委員長近藤信一）が首切り反対で支援したように、文化の領域でも産

業と労働に相克が生まれた。

　1940（昭和15）年夏、大阪から赴任してきた朝日新聞の原清記者は「当時の私は正直なところ名古屋といえば金のシャチホコのあるお城と、八重垣劇場だけにしか土地カンはなかった。なぜ八重垣劇場などという名前が出て来たかといえば、この劇場、実は一風かわった映画館で、その当時普通の常設館ではとうてい上映しないような海外の芸術映画ばかりを採算を度外視して勇敢に上映、全国のいわゆる高級映画ファンのメッカだった。なんでも経営主は映画愛好家の若い館主で、道楽半分に理想的な高級映画館経営をめざし、プログラムなども映画論説でうめていた」（『なやばし随筆』朝日旧友会、1965年）と記録した。この本には同じ朝日新聞出身で1939（昭和14）年、下出社長に招かれて大同製鋼に入社した井塚政義（のち大同工業大学教授）も「見習い人生」という一文を寄せている。

　映画の字幕制作で知られた清水俊二がグレタ・ガルボ週間の企画のため八重垣劇場へ出向いたときの回想記に面白いエピソードが読める。「八重垣劇場は小ぢんまりした、きれいな劇場だった。舞台も使えるようになっていて、楽屋の設備も整っていた。浴室もあった。石巻支配人は想像どうりの学究肌の人だった。映画経済の研究と映画館の経営は両立しないようで、興行成績は上々とはいえないようであった。石巻良夫の秘書に水谷秋子という女性がいた。……当時、名古屋は東京についで女性が進出している都会といわれていた。そのころのことばで“新しい女”が多かった。……昭和十年、銀座で偶然再会したときには高見順と結婚することになっていた」（『映画字幕（スーパー）五十年』早川書房、1985年）。そのころ石巻も家族と東京へ移住した。

XI　上映作品ラインナップ

　1930（昭和5）年の開館第一週はパラマウント・サウンド・ノベルティ、パラマウント・オン・パレードで短編18本を集め、漫談は松井翠声、徳川夢声、大辻司郎などで始まった（資料4-4）。昭和6年『足が第一』『モロッコ』（本邦最初の日本語字幕）、『巴里の屋根の下』、昭和7年『人生案内』、昭和8年『制服の処女』『巴里祭』『シナラ』『人類の戦士』『グランド・ホテル』、昭和9年『南風』『会議は踊る』『ボレロ』『にんじん』『商船テナシチー』、昭和10年『別れの曲』『椿姫』『麦秋』『乙女の湖』『未完成交響楽』『ロスチャイルド』『アラン』『Gメン』『たそが

資料4-4 「パラマウントオンパレード」開場時の上映広告（名古屋新聞）

れの維納』『西班牙狂想曲』、昭和11年『白き処女地』『情熱なき犯罪』『罪と罰』、昭和12年『女だけの都』『我等の仲間』『明日は来らず』、昭和13年『舞踏会の手帖』、昭和14年『我が家の楽園』『望郷』、昭和15年『民族の祭典』『駅馬車』『西住戦車隊長伝』、終戦直前、大映映画『最後の帰郷』（特攻隊員の物語）を円頓寺の豊富館と同時上映した。

　戦後は1946（昭和21）年2月21日『大曾根家の朝』、3月7日『春の序曲』、3月28日『キューリー夫人』、6月20日『王国の鍵』、10月31日『カサブランカ』『我が道を往く』、昭和22年5月7日、ロードショーハウスになった八重垣劇場では、第1回作品にガーシュインの伝記映画『アメリカ交響楽』が選ばれた。第2回は6月26日から『ガス燈』、第3回は7月31日からの『心の旅路』だった。1948（昭和23）年4月8日から『オーケストラの少女』のリバイバル・ロードショーなどが続き、『楽聖ショパン』『無防備都市』などが続いた。そして1951（昭和26）年1月3日『舞姫夫人』、9月5日『カルメン故郷へ帰る』『自由学校』、昭和29年『放浪記』、昭和33年1月5日『喜びも悲しみも幾年月』『水戸黄門』、昭和36年8月25日『用心棒稼業』『右門捕物南蛮鮫』などと邦画中心になっていった。『市電名城前下車南』と映画案内に載ったが、翌1962（昭和37）年廃業した。

　1957（昭和32）年頃、映画館は愛知県で281館、名古屋には113館あった。戦前、洋画はこれまで港座、千歳劇場、松竹座などで上映されてきたが、洋画専門館の八重垣劇場は、建物の雰囲気もあり、繁華街から離れていて、「孤島」のような存在であったと、伊藤紫英は『名古屋映画史』（改稿版、1984年）で回想する。

ⅩⅡ 戦時中の青春と自由

　小栗喬太郎（1960（明治39）年生まれ、ドイツ共産党日本人党員、歩兵予備少尉、三星百貨店取締役八木誠三はドイツ留学仲間）はジャンギャバン主演『望郷』（原題 pepe le moko、J. デュヴィヴィエ監督 1936 年作品）を 1939（昭和14）年に見た。翌 1940（昭和15）年には治安維持法で逮捕される。筆者の父木村鏡一（1924（大正13）年生まれ、愛知時計電機青年学校二年）も見ていて、生前、憲兵隊本部がすぐ近くで妙なとり合わせだったと、原題（ペペルモコ）を口にしながら語っていた。それだけで自由へのあこがれが満たされたようだ。この頃、愛知時計でのストライキや構内デモがあった。

　戦前、憲兵隊の北側名古屋城丸の内には陸軍第三師団司令部があり、歩兵六連隊はじめ、輜重、野砲、騎兵などの連隊が陣取っていた。

　当時東邦商業学校の生徒だった廣田豊さん（1934（昭和9）年、第7回卒業生）は「私は無類の映画狂であった。名古屋に理想の映画館を創ろうと商工会議所に関係された義雄先生の肝いりで八重垣劇場が生まれた。私はいけない事と知りながら、よく通ったものである。ある日バスケットの練習をサボって八重垣へ行った。題名は忘れたが映画が終わり場内が点灯されたとき、後ろからポンと背中を叩かれ、ふり向くとそこの滝川先生がいた。『面白かったね』といわれた。私は冷や汗をかきながら黙って頷いた」（『東邦学園75年記念誌　真面目の系譜』）と語る。戦後の『東邦新聞』には映画の広告が載ったが、当時の『東邦商業新聞』には八重垣劇場の案内は一切ない事情がわかってくる。

　伊藤紫英の『名古屋映画史』によると、1935（昭和10）年頃から中学生の映画館立ち入りが禁止されたが、1940（昭和15）年から松竹映画が全国六大都市に学生映画館を作った。この頃、八重垣劇場は松竹の経営になっていたから、一時、学生映画館になっていた時期があったことになる。しかし、すぐに一般館に戻ったという。

　そうして戦争末期には洋画は上映されず『西住戦車長伝』の大ヒットとなった。登場する戦車は八九式中戦車で、砲身は短く、鉄板は薄かった。それに代わって新たに開発された九七式中戦車（「チハ車」）、これに陸軍が特殊鋼の技術を採用するところとなり、1937（昭和12）年の夏には琵琶湖畔で試運転した。

　「1937年の特殊鋼生産高は、日本製鉄が最高であるが、大同製鋼は8544トンで

第 7 位の生産量を示しているにすぎない。しかしながら、42 年になると大同は能力・生産高ともに特殊鋼生産企業のトップになっている」（長島修「戦時下の特殊鋼企業の展開——大同製鋼を中心に」下谷政弘編『戦時経済と日本企業』昭和堂、1990 年）事実が示すように、大同製鋼は航空機、戦車に限らずあらゆる兵器生産に関連していった。

　1938（昭和 13）年 10 月 20 日、下出は「自由経済から統制経済へ」（『東邦商業新聞』96 号）と題して講演（愛知県学務部主催）した。そこでは「本講演の御依頼を受けまして以来、私の念頭とする所は、今次の聖戦目的を貫徹する為めに国を挙げての各方面の協力一致と相俟って、長期戦に堪え皇軍の威武を発揮するに遺憾なからしめ、戦闘行為の終りたる後に於ても、広大なる占領地域の開発建設に支障なからしむるには、我国経済は如何なる機構と運用を必要とするかと考究したい事でありました」と始まり、「自由から来る攪乱を防衛する手段として採るに至った方策は、消極的には操短となり、又カルテル、トラスト、コンチェルン等独占的形体による統制の方法であります」と説いた。そのころ、『大同コンチェルン論』（出口一雄執筆草稿、1939 年）が準備され始めていた。数か月前には「統制経済とか自由経済とかに偏することなく」（『東邦商業新聞』92 号）と語っていた。4 月 1 日には国家総動員法が公布され、4 月 12 日大同製鋼星崎工場は陸海軍の共同管理工場になった。7 月 30 日には産業報国連盟が出来た。11 月 3 日近衛内閣（風見章書記官長）の東亜新秩序、新体制運動に応じて、11 月 15 日に大同製鋼産業報国会が結成された。

　1940（昭和 15）年、下出義雄は「産業報国の理念」（紀元 2600 年奉祝文）を発表して、「聖業翼賛のために、全従業員鋼鉄の如き一団となって協力一致」と冒頭に、「綱領の時代は既に去った。行動すべき時が来てゐるのである」と結んで大同製鋼産業報国会員へ檄を飛ばした。7 月、第二次近衛内閣成立、10 月には大政翼賛会中央協力会議委員、ついに 11 月 23 日結成の大日本産業報国会理事に就任した。12 月『東邦商業新聞』を廃刊。八重垣劇場も松竹に売却し社長も退いた。

　さらに 1942（昭和 17）年 4 月 30 日に大政翼賛会推薦で衆議院議員に選出された。妻のサダさんが「タイプとして実業家風ではなかったですね。それに政治はとてもきらいでした。のちに翼賛会から衆議院議員になったのも、周囲から無理矢理に押し付けられたもので、自発的ではございませんでした」（榊直樹「衆議院議員としての下出義雄」『戦時下の中部産業と東邦商業学校』）と語るように、中央政界に押し出されていった。下出自身も日中事変以降は「暴支膺懲」を唱え、戦争翼賛の当事

者になった一方、勤労動員学生に「空襲がきたら早く逃げろ、ここで死んじゃだめ
だ」と呼び掛ける姿もあった。大同製鋼は労働者を犠牲にする「殺人工場」だとい
う落書き、歌謡として出てきた（『特高月報』1944年11月）。

XⅢ　戦後の下出義雄

　戦後はアメリカ陸軍に続いて第五空軍（本部は本町通、広小路角の徴兵ビル）が丸
の内をキャッスルハイツ、キャッスルグランドとして、また市公会堂、名古屋観光
ホテルなど数多くの施設を占拠した。本町通は日本人通行禁止に、八重垣劇場には
米軍関係者も来た。

　夫について妻のサダさんは「公職追放になり、経済的にも痛めつけられてすっか
り参ってしまい、心身の酷使がたたって病気になってしまいました。取引所で倒れ
たこともあり、仕事がなくなってしまったのがよけいにこたえたのでございましょ
う」（森靖雄「戦時下の下出義雄の事業」『戦時下の中部産業と東邦商業学校』）と語る。

　名古屋証券取引所理事長は1952（昭和27）年4月まで続けたが、中区南鍛冶屋
町の敷地内にあった大津書店、喫茶店チャイルドとどうかかわっていたのか。戦
前、戦中、そして戦後の自責と悔恨の日々においても、八重垣劇場にて映画を楽し
む下出義雄の姿を得るには、なお資料とかなりの想像力がいる。

第5章 東邦商業野球部の黄金時代と野球統制

中村 康生

　東邦高校の前身である東邦商業学校は 1934（昭和 9）年、甲子園球場で第 11 回
全国選抜中等学校野球大会（現在の全国選抜高等学校野球大会）に初出場初優勝して
以来、戦局緊迫による中断前の 1941（昭和 16）年の第 18 回大会まで 8 年連続で甲
子園出場を果たした。この間、優勝 3 回、準優勝 1 回に輝いたほか、夏の全国中等
学校優勝野球大会（現在の全国高等学校野球選手権大会）にも 2 回出場し、東邦商業
の野球部黄金時代と言われた。プロ野球誕生（1936（昭和 11）年）前夜でもあるこ
の時期、野球は小学校、中等学校、大学が人気の中心だった。しかし、1941 年の
太平洋戦争突入が迫る中で野球への統制が強まり、甲子園での中等学校野球大会は
中止され、全国で野球部は解散に追い込まれていった。本章では、東邦商業が硬式
野球部を創部し黄金時代を築いていった時代と、文部省や愛知県によって進められ
た野球統制、野球排撃の過程を考察する。

I　東邦商業野球部の発足

1　東邦商業、中京商業の創立

　第一世界大戦を契機に我が国の産業は飛躍的に発展した。近代産業の形成過程に
対応して実業学校も急激な発展をみた。1922（大正 11）年からの 3 年間に、名古屋
周辺では私立商業学校が相次いで設立され、東邦商業学校を含め新設校は 8 校に及
んだ。1924（大正 13）年には「実業学校卒業者を中学校同等以上の学力を持つもの
と認める」という文部省告示が出され、高等学校への進学資格、兵役の短縮などで
の特典が与えられた実業学校への進学者はさらに増え続けた。

　東邦商業学校は中京商業学校（現在の中京大学中京高校）と同じ 1923（大正 12）
年に創立された。創設者である下出民義（1861-1952）によって掲げられた校訓は、
「守信行儀」と「真面目」であり、礼儀や人格、人間性を重視した教育の実践を求
めた。

第5章　東邦商業野球部の黄金時代と野球統制　　　　65

　一方、中京商業の創立者である梅村清光（1882-1933）は、建学の精神を「学術とスポーツの真剣味の殿堂たれ」とした。梅村は創立の年の3月、愛知県第一中学校（通称・愛知一中、現在の愛知県立旭丘高校）の合格発表日、同校正門に立ち、落胆する不合格者に中京商業の発足を知らせ、入学を呼びかけた。愛知一中は東海地区を代表する進学校であると同時に、1917（大正6）年の第3回全国中等学校優勝野球大会に初出場で優勝して以来1926（大正15）年まで春夏合わせて9回甲子園に出場している野球強豪校でもあった。梅村は愛知一中と競える「強い野球部」の創設を、中京商業の発展の起爆剤とする構想を固めていたのである。

　東邦商業、中京商業が創設された1923（大正12）年から1945（昭和20）年までの旧制中学校と実業学校（中学校と同等の甲種）の学校数と生徒数の推移を比較すると、学校数では1925（大正14）年に実業学校が528校となり中学校の502校を追い抜いた。生徒数では1936年（昭和11）年に実業学校が36万1963人となり、中学校の35万2320人を追い抜いている。

2　中学校に迫る実業学校の甲子園予選出場校

　中等学校野球においても1930年代に入ると、草創期の中心だった中学校野球部に代わって実業学校野球部の活躍が目立ち始めた。

　中村哲也（2009）は、『全国高等学校野球大会70年史』（朝日新聞社）、『全国中学校ニ関スル調査』（文部省普通学務局編）、『全国実業学校ニ関スル調査』（文部省実業学務局編）などの資料を基に、全国中等学校優勝野球大会（夏の甲子園大会）予選参加校の学校別割合をまとめている。第1回大会（1915（大正4）年）の予選参加校全体に占める中学校（官立・私立）は72.6%、実業学校（官立・私立）は17.8%だったが、第16回大会（1930（昭和5）年）には中学校58.3%、実業学校32.9%に、第26回大会（1940年）には中学校52.2%に対し、実業学校は44.9%と迫った。

　東海地方でも商業学校を中心とする実業学校は、甲子園出場の実績において、中学校に追いつき、追い越そうとしていた。中京商業は春の第8回選抜（1931（昭和6）年）に初出場して準優勝。夏の甲子園でも初出場の第17回大会（1931年）から第19回大会（1933年）まで、大会史に残る3年連続優勝を果たし、全国的な知名度を一気に確立した。

3　中京商業に７年遅れた東邦商業の野球部創部

　東邦商業の硬式野球部創部は学校創立７年後の1930（昭和5）年であり、同時に創立された中京商業の硬式野球部に７年遅れた。東邦商業では創設者で校主である下出民義のもとで、学校運営の方針は校主代理で副校長の下出義雄（1890-1958、1934年に校長）に委ねられていた。

　創立5年目で第1回卒業生を送り出した1928（昭和3）年には陸上競技、蹴球、籠球、水泳の各部が活動しており、さらに庭球、排球、剣道の各部が新設されたが硬式野球部はまだなかった。『真面目の大旆——東邦学園七十年のあゆみ』（以下、真面目の大旆）等によると、下出義雄が、「試合のための選手養成よりも全校生徒の運動を奨励する」という基本姿勢をとり、硬式野球部の設置に慎重を期したためだった。

　下出義雄が慎重を期した背景に、小学校、中等学校、大学野球の人気が高揚していたこの当時、文部省がその過熱ぶりの一方で健全性が失われているとして野球への批判を強めていたことへの配慮があったと推察される。小学生ですら未明から放課後まで野球に明け暮れ、中学校や商業学校での激しい選手争奪戦、さらには大学野球の商業化など、文部省が「教育への弊害」とみる事例が全国各地で指摘され、文部省は「野球統制令」（1932（昭和7）年）と言われる訓令の発動を準備していた時期だったからである。

　『東邦商業学校東邦高等学校野球部史』（以下、野球部史）も、『真面目の大旆』の記事を引用し、こうした下出義雄の硬式野球部創部に対する躊躇を、「野球を売名の手段として利用することを意識的に避けようとした」と記している。しかし、現場教職員たちからは、「野球で強いと評判にならなければ生徒募集に不利」という指摘が相次いでいた。中京商業が野球部によって知名度を上げているのに、東邦商業は、生徒募集において中京商業に水をあけられ始めていることへの危機感が高まっていたからである。

　1929（昭和4）年度の生徒募集でみても、東邦商業は募集人員150人に対し志願者は219人（1.46倍）だったが、中京商業は募集定員250人に対し578人（2.31倍）の志願者があった。野球部史は、教員たちからの「同種校に遅れをとらないためにも野球部をつくった方がいい」という声に加え、生徒たちからも「硬式野球部をつくりたい」という要望が一段と強まっていたことを紹介している。

　校内からの強い要望もあり、下出義雄は1930（昭和5）年5月、硬式野球部を創

設した。野球部史は「同年同月同日で全く同じスタートラインから出発した中京商業に対する特別な意識がないとすればうそになる。〈中京に追いつき追い越せ〉とでもいった思いは、よい意味でのライバル意識として盛り上がり、その練習には一段と熱がこもっていった」と記している。

4 過熱する中等学校野球

東邦商業に硬式野球部が生まれた翌年の1931（昭和6）年から1941（昭和16）年までの10年間、甲子園では夏の大会（1941年は中止）では中京商業が4回、岐阜商業が1回優勝した。春の選抜大会は岐阜商業と東邦商業が各3回、中京商業、愛知商業が各1回優勝、さらに一宮中学などが4回の準優勝を数え、東海地区でほとんど独占していた。強豪校へのあこがれから、中京商業、岐阜商業、東邦商業には小学校の有名選手が各地から続々と入学していた。

享栄商業野球部員として1936（昭和11）年、1937年、選抜甲子園大会に出場した玉腰年男は自著『東海野球史』で、「このころは甲子園で優勝するよりも、東海予選を勝ち抜くことの方が難しいと言われた時代で、東海代表の栄誉を得たチームは甲子園でも文句なしに優勝候補の最右翼に推された」と書いている。一宮市出身の玉腰自身も小学校時代から野球に熱中し、少年野球で全国優勝の経験を持つ。

1928（昭和3）年、中京商業には全国少年野球大会で優勝した静岡県掛川尋常小学校（現在の掛川市立第一小学校）から3人が入学。さらに少年野球の吉田正男が一宮市から、陸上選手の杉浦清が岡崎市からともに1929年に入学した。校長の梅村は遠方からの入学者を自宅に合宿させた。夏の甲子園三連覇の立役者である吉田、杉浦も合宿組だった。

東邦商業にも小学校野球で活躍したヒーローたちが毎年、神戸、淡路島、浜松など県外や、一宮、岡崎、半田など愛知県内遠隔地から集まってきた。一宮高等小学校のエースで、1941（昭和16）年選抜大会優勝時の二塁手大塚末雄は、「特待生」として1939年に入学したが、入学前の正月から寮での合宿生活に入っていた。

有望な小学生選手獲得のため、硬式野球部創部には慎重だった下出義雄が、創部の翌年には自らスカウト活動に乗り出す場面もあった。東邦商業にとっては甲子園初出場にして初優勝となった第11回選抜大会に出場した立谷順市の弟、立谷唯夫は野球部史に「我が兄を偲ぶ」という一文を寄稿している。その中で、兵庫県淡路島の尋常高等小学校のエースだった順市が、1931（昭和6）年に京都で開催された

全国少年野球大会に出場し準優勝に終わったこと、この優勝戦を観戦した下出義雄から希望されて東邦商業に入学したことが記されている。

淡路島出身で 1940（昭和 15）年に東邦商業に入学した山口貞も、同じ小学校の先輩が 2 人いて心の支えになったこと、さらに、「入部当時、合宿では 1 年生から 5 年生まで 28 名が生活を共にしており、皆、各方面の小学校野球部出身の優秀な人ばかりであった」と書いている。

Ⅱ　野球統制令の施行

1　東邦野球スタート 2 年後の統制令

文部省は 1932（昭和 7）年 4 月 1 日、鳩山一郎文部大臣の名において、小学校から大学までを対象に「野球統制令」（以下、統制令）を出した。「野球ノ統制並施行ニ関スル件」という文部省訓令第 4 号 であり 1932 年 3 月 28 日官報に掲載された。

野球人気に便乗して利益を上げる各種大会が数多く催されている。このため、知名度の高いチームは各地の大会に招待されて、学生の本分である教育を害する傾向にある。また、その間に必要以上の金品の授与や、小学生の有望選手の引き抜きなどがあって好ましくない――と、過熱する野球の統制に乗り出したのである。

統制令は東邦商業に硬式野球部が誕生した 2 年後に施行された。①小学校ノ野球ニ関スル事項、②中等学校の野球ニ関スル事項、③大学及高等学校ノ野球ニ関スル事項、④入場料ニ関する事項、⑤試合褒章等ニ関スル事項、⑥応援ニ関スル事項――の 6 項目からなる。「前文」では、「野球ヲ行フ者又ハ野球ヲ観ル者ノ熱狂ノ余（あまり）常軌ヲ逸シ正道ヲ離ルルコト」がある野球に対して、「官民協力シテ」、「幾多ノ規矩（きく＝制限）ヲ掲ゲ之ガ適正健全ナル発達ヲ期セントス」とある。試合方法など小学校から大学まで学校の種類別に細かく規制するものであった。

2　小学校野球への規制

少年野球は 1921（大正 10）年に鳴尾球場（兵庫県西宮市）で第 1 回全国少年野球大会が開催され、その後、各ゴム会社によって軟式ボールが発売されたことで爛熟期に入っていった。山室（2010）は、統制令に結びついたと思われる小学校から大学までの次のような事例をあげている。（山室 2010：22 〜 28）

・1924（大正13）年に札幌で開かれた北海道連合教育会で、旭川市の尋常高等小学校校長が自校の野球熱を説明し、「選手は未明の4時から練習を始める。2時間練習やって、学校へ出てきてまたやる。放課後にまただ。野球のため、精力を傾注し、指導者を外部に頼む。全く熱狂である。敗れたものは無念のあまり泣く。かかる悲惨な現象は（略）考えざるを得ない」と訴えた。

・1928（昭和3）年、静岡県の二俣尋常高等小学校（現在の浜松市立二俣小学校）は、渥美電気鉄道主催「東海選抜少年野球」、第8回全国少年野球優勝大会、遠州電気鉄道株式会社主催「全国A組選抜少年野球」、関東の「全国少年野球大会」のほか、新聞社、電鉄の主催大会にも参加し、野球の後援会もできた。

・東京、名古屋、大阪などで、いくつもの全国大会が開かれ、岩手や鹿児島など遠隔地からも予選を勝ち抜いた小学校が参加した。使うボールやバットを主催者が指定したりして、次第に商業的な色彩が濃くなっていき、遠隔地への遠征、宿泊も当たり前になっていった。

　統制令は、こうした悪弊が表面化した小学校野球に対し、対外試合を規制し、平日の試合や宿泊を伴う試合、入場料の徴収、営利宣伝用の寄贈品の受け取りなどを禁止した。

3　中等学校野球への統制

　中京商業学校の野球部史である『中京高校野球部四十五年史』（以下、中京野球部45年史）は、統制令を受け入れざるを得なかった当時の中等学校野球を取り巻く状況を、久保田高行著『高校野球百年』を引用しながら紹介している。

　「もっとも著しい弊害は、各地に群小の野球大会が開催されることであった。おもに球場を所有する電鉄会社や地方新聞社が、純然たる営利の目的で、中学チームの野球試合を頻繁に開催した。交通費、宿泊費を電鉄会社なり新聞社が負担し、各種の名目で中等野球大会を挙行し、電鉄会社は乗客収入を計り、新聞社は自社の宣伝につとめた。

　したがって全国的に名の知れた人気チームはほとんど日曜、祭日ごとに各地の大会に招待された。自校の校庭とか、地元の球場でというのならまだしも、西は九州、四国、中国から、東は静岡、名古屋と文字通り東奔西走し、そのうえ平日の試合もあり、学校の授業に支障を及ぼすありさまであった」「さらにその間、必要以

上の金品の授受や小学校選手の引き抜きもあり、心あるものをして慨嘆させた」

そして、中京野球部45年史は、「わが中商も前年中に60回以上に及ぶゲームを行ったと記されている」として、中京商業野球部の東奔西走ぶりが指摘されたことにも触れ、統制令が野球の健全化に大きな役割を果たしたと書かれている。

統制令は中等学校選手の資格も厳しく制限した。1927（昭和2）年選抜大会で準優勝した田部武雄（東京巨人軍創成期の主将）の放浪生活が問題になったからである。田部は1920（大正9）年に広陵中学校に入学してすぐ中退、兄が活躍する満州でプレーした。21歳で広陵中の4年に復学し1927年選抜大会ではエース、打っては14打数7安打で打撃賞を獲得。大会が終わるとまた退学して大連実業へ去り、9月19日の明治大学戦に1番ショートで登場した。翌1928年3月8日には明治大学のショートで2番のレギュラーの座を確保したのである。

田部のように、実力十分な選手が加わることで、チーム力がすぐに上昇する現実が、中等学校野球の選手争奪戦を激しくする。統制令は、「転入学若ハ中途入学ノ者」の出場資格について、「在学一年以上」の条件が加わり、さらに、落第生の出場も禁止された。そして、中学校や商業学校の試合は、学業に支障がない「土曜ノ午後又ハ休業日ニ限ル」と限定された。

東邦商業でも他中学校からの転入はあった。野球部史に寄稿した、第11回選抜大会出場の河瀬幸介の弟、河瀬澄之介は「兄幸介は野球が何よりも好きという人で、大阪の中学からわざわざ野球王国名古屋の東邦商業に転校。春や夏の休みにも野球の試合や練習でほとんど神戸の自宅には帰って来ず、当時小学生だった私には兄と生活をともにした記憶があまりない」と書いている。

4　大学野球への統制

統制令では大学が入場料を徴収する試合を許可制とし、選手への金銭援助などの特別待遇を禁止した。試合日も中等学校と同様に平日を禁止としたが、「学校当局ニ於イテ支障ナキモノ」と認めた場合は平日試合を許可した。無秩序な海外遠征も承認事項とした。

文部省は野球浄化の最終目標を東京6大学野球部の莫大な収入の削除に絞っていた。文部省調査で1930（昭和5）年の全国中等学校野球部の年間費用が多い順に挙げても7750円（広陵中）、5719円（平安中）、4430円（広島商業）に過ぎなかったのに対し、早稲田、慶應大学の野球収入は、一説には年間10万円近く、他大学でも

第5章　東邦商業野球部の黄金時代と野球統制　　71

数万円の収入があったという指摘もあったためである。

Ⅲ　文部省の統制から愛知県の野球排撃へ

1　中等学校野球部への全国調査

　統制令によって、中等学校の野球大会は府県体育団体や関係学校が主催ないしは公認するものだけが認められ、営利企業の主催する野球大会は原則禁止となった。しかし、統制令が出された当初、野球選手や関係者たちはその影響を深刻には受け止めていない。統制令では「営利企業の主催する野球大会は原則禁止」とされたにもかかわらず、朝日新聞社主催の夏、毎日新聞社主催の春の甲子園での中等学校野球大会は従来通りに開催されたことも影響していると推察される。玉腰は『東海野球史』で、自身の体験も含め、「統制令とは別に、夏の甲子園は相変わらず連日満員の盛況を続け、試合も接戦、熱戦が相次ぎ、技術面でも戦前の最高と言われる内容でファンの心をかりたてた。いうならば中等野球黄金時代の到来である」と書いている。

　しかし、文部省の野球に対する姿勢は予想以上に厳しかった。統制令を公布した1932（昭和7）年3月にはすでに全国の道府県に対して、中等学校野球部についての実態把握の調査を命じていたのである。調査結果は1933年1月、『本邦中等学校ノ野球部ニ関スル調査』（以下、調査）として公表された。

　調査は文部大臣官房体育課によって実施された。体育課は1928（昭和3）年に設置され、国の総合的な体育行政機構の中核を担い、1930年前後の時代状況を反映させながら文部省行政のスポーツの政策を展開させていった部署である。

　調査は女学校、女子師範学校を除く全国中等学校1414校（1931（昭和6）年7月1日現在）に野球部があるかどうか、野球部のある学校715校には1931年度対外試合日数、1930年度収支決算、1931年度収支予算並びに寄付金、後援会費等について行われた（表5-1）。

2　名指しされた府県や強豪校

　野球部のある中等学校715校の調査結果報告の概要説明（「凡例」）で、文部省体育課は、調査結果の分析を行っている。野球部設置校が50％強だったことに関連して、東北・北海道での設置校が7割に達して最も高いのに対し、中国地方は147

表 5-1　文部省野球部調査の愛知県分

学校名	1931 年度対外試合日数			経費（単位は円）		
	県内	県外	計	1930 年度決算	1931 年度予算	後援寄付金
第一師	4	—	4	586.65	536.00	—
岡崎師	16	—	16	784.70	690.79	—
中京商	10	15	25	3771.78	3300.00	—
東邦商	28	5	33	557.00	500.00	—
愛知県商	16	—	16	593.54	583.66	93.88
市立名古屋商	26	2	28	1059.83	1053.90	93.88
西尾蚕糸	10	—	10	235.00	305.00	93.00
享栄商	13	6	19	800.00	800.00	300.00
愛知実業	3	—	3	160.00	160.00	413.60
豊橋市商	22	3	25	978.78	833.80	93.88
名古屋第二商	11	—	11	847.14	770.00	—
常滑陶器	—	—	—	113.92	70.00	—
愛知中	7	—	7	550.50	510.30	—
半田中	10	—	10	296.09	280.00	193.88
岡崎中	40	1	41	1294.31	750.00	861.88
一宮中	29	12	41	877.00	870.00	800.00
東海中	15	—	15	934.44	900.00	—
愛知県第一中	21	8	29	1305.05	1380.00	—
成章中	3	1	4	387.46	371.27	93.88
明倫中	4	2	6	912.40	820.00	223.88
豊橋中	12	1	13	859.96	899.00	—
熱田中	15	—	15	1116.50	900.00	—
津島中	22	1	23	591.20	503.78	93.88
西尾中	11	—	11	469.80	388.60	143.88
惟信中	18	—	18	785.31	780.00	—
合計	366	57	423	20871.45	18956.10	3499.52
平均	14.6	2.3	16.9	834.86	758.24	139.98

出典：文部大臣官房体育課（1933）より作成。

校中 58 校（39.5%）で、「百分率比最モ低シ」としている。野球王国と言われた東海地方では、愛知県が 54 校中 25 校（46.3%）、岐阜県は 19 校中 13 校（68.4%）、三重県は 27 校中 15 校（55.6%）、静岡県は 26 校中 20 校（76.9%）であった。

第 5 章　東邦商業野球部の黄金時代と野球統制　　73

　1930 年度の全国 715 校の野球部費の総額は 36 万 2000 円余だった。これに 1931
年度の寄付金や後援会費の総額約 9 万 7000 円（体育課は、「実際ハ此ノ額以上ニ上ル
モノト想像セラル」としている）を合わせると 46 万円に達した。体育課は「1 校平均
で約 600 円」としている。注目すべきは、体育課が、野球部費の多い府県、最も
多い学校の固有名詞を挙げている点である。府県別で 1 校当たりの野球部費が最も
多かったのは愛媛県で、これに次ぐ府県として、京都、高知、愛知、鳥取、山口、
奈良、大阪の府県を挙げ、四国、近畿、中国地方で額が多いことを指摘している。
　学校別で最も野球部費が多いと指摘されたのが「愛知県ノ中京商業学校」で、
1930 年度決算で 3771.8 円だった。一覧によると、愛知県 25 校野球部の平均は
834.86 円で、硬式野球部発足初年度だった東邦商業は 557 円で、中京商業の 14.8%
に過ぎなかった。中京商業に次いで多いと名指しされたのが「愛媛県松山商業学
校」で 2949.13 円だった。
　後援会寄付金額の最も多い学校では「広島県広陵中学校」が名指しされた。さら
に、広陵中学校の後援会寄付金は 7145.96 円で、これに部費を合わせると 7500 円
余に及ぶとしたうえで、「最モ多クノ経費ヲ要セルモノナリ」と指摘された。

3　文部省体育課による地方行政への警告
　対外試合日数でも府県別順位が示された。最多は京都府で、1 校当たりの平均年
間試合数 24.9 日。群馬（19.5）、大阪（18.0）、愛知（16.9）、山口（16.3）の各府県が
これ次いだ。体育課は「コノ状況ハ大体、前記ノ地方別ニ見タル 1 校当リ野球部
費ノ多寡ニ準ジ、近畿、四国地方最モ多ク、東北地方少シ」と解説している。そ
して、ここでも固別の学校名が挙げられた。年間試合日数が最も多いのは 68 日の
「熊本県立熊本工業学校」であった。
　体育課は、野球部経費や対外試合数の多い府県、中京商業、松山商業、広陵中
学、熊本工業などの甲子園を沸かせた強豪校名を県名と合わせて挙げた。さらに、
「凡例」では、体育課の、野球部調査に対する強硬姿勢が述べられている。調査に
当たった学校の中には、調査が不十分の学校があることを指摘したうえで、「之ヲ
以テ本邦中等学校野球部ノ実情ヲ正確ニ調査シ得タリトハ言ヒ難シ」と該当府県の
怠慢を指摘している。そして、若干の府県においては、野球部のある学校数の把握
が不正確であり、野球部費の調査においても、公式に認められて報告された以外
に、別途経費として使われている可能性もあり、「是等ハ将来ノ調査ニ於テ一層正

確ヲ期セントスルモノナリ」と、調査の継続を宣言して結んでいる。

体育課の強硬姿勢は、対外試合数や経費が多いと指摘された野球部に警告を与えるだけでなく、そうした学校を所管する道府県や、さらには消極的な姿勢で調査に臨む道府県には今後厳しい態度で臨む決意であることの警告を、地方行政担当者に突き付けていると見ることもできる。

4 甲子園大会の中止

1941（昭和16）年3月28日、東邦商業は第18回選抜中等学校野球大会決勝戦で同じ愛知県の一宮中学校を5対2で下し、選抜大会3度目の優勝を決めた。しかし、紫紺の優勝旗を携えて母校に凱旋した野球部員たちは全員が学生服にゲートルを巻いた軍事教練式のいでたちであった。野球部史によると、1941年4月、「東邦商業学校報国団」が編成され、その一部門に「鍛錬部」が設けられた。野球部はそのほかの運動部と同様「野球班」として活動することになったのである。さらに同年7月、文部省次官通達や愛知県通達も出て、夏季休暇を利用した各種競技大会の開催が中止となった。夏の甲子園大会である1941年第27回全国中等学校優勝野球大会も中止となった。東邦商業は前年1940年夏の甲子園大会に2回目の出場で準々決勝に進出していたが、1941年大会は、愛知県では予選にも入らない段階での中止決定であった。

1941（昭和16）年8月8日、文部省訓令第27号によって「学校報国団体制確立方」が公布され、学校単位での「学校報国隊」の編成が命じられた。野球部にとどまらず、学校スポーツの母体となった校友会運動部や体育会など学校スポーツ組織は文部大臣の統制下に置かれることになったのである。春の選抜野球大会も第18回大会を最後に中止となった。甲子園での中等学校野球大会は戦後の1947年に第19回選抜大会が復活するまで長い空白期間に入っていった。

東邦商業に1937（昭和12）年に入学した16回生で、一時野球部に入部した稲垣鍵一氏（1941年12月に繰り上げ卒業、名古屋市で会社経営）は、在学中、東邦商業の甲子園での選抜優勝を2度、夏の甲子園出場も2度体験した。しかし、戦時色が日一日と強まり甲子園での母校応援も大きな盛り上がりにはならなかったという。学校生活は軍事訓練教育が中心となり、「国防競技」が競われ、稲垣も静岡県草薙運動場で開催された東海4県大会に東邦商業代表として手榴弾投げ競技、障害物競技などに参加した。

5 愛知県から野球排撃の狼煙

　野球部史によると、東邦商業では1941（昭和16）年度以降も、野球そのものは細々と続けられた。地方大会や対校試合も行われたが、野球用語はストライク、ボール、アウト、セーフなどは「敵性語」として使用が禁止され、それぞれ「本球」「外球」「倒退」「点塁」などと言い換えられた。ユニフォームの「TOHO」の文字はすでに1939年の選抜大会から漢字縦書きの「東邦」に変わっていた。

　戦局が暗転を続ける1943（昭和18）年1月21日、愛知県で野球追放の動きが表面化した。愛知県庁で開かれた県政調査会内政部委員会において、「米英撃滅体制を確立するには米国の国技とする野球その他米英的な競技はこの際徹底的に排撃し、日本古来の武道並に銃剣道を昂揚せよ」という決議が行われたのである。

　翌1月22日『中部日本新聞』は、「愛知で野球排撃　戦ふ国民には武道あり」の見出しを掲げて決議内容を紹介し、「古くは愛知一中をはじめ近年では愛商、東邦、中京、享栄の各商業などが覇を唱え全国中等野球界の最高峰と言われた愛知県が全国に率先し野球排撃の狼煙をあげたことは注目される」と書いた。『読売新聞』も「愛知県で中等野球締め出し」、『朝日新聞』も「野球を叩き出す」「王国愛知の排撃決議」の見出しで記事を掲載した。

　県政調査会は野球統制令が出された年でもある1932（昭和7）年に、重要事項に機動的に対応するため、「議員の審議権をフルに活用し県会におけるもっとも重要な存在」（『愛知県議会史』）として県議会に設置された組織である。県政調査会の野球排撃決議に、愛知県内政部長の山田武雄は「野球をやっていては敵愾心が湧かない。禁止令は出さないが、男は学校を出れば戦場だ。米英を倒すためには野球をやるゆとりはない」とすぐに賛成した。1943年1月26日、山田は愛知県内の各学校長あてに「生徒特別錬成ニ関スル通牒」を発して、野球の事実上の禁止と、「行軍力、持久力増強ノタメ」として、自宅から学校まで5km以内の男子、4km以内の女子の乗り物利用を禁じた。（山室2010：108）

　米国生まれの野球は禁止されたが英国生まれのラグビーは禁止とならなかった。1941（昭和16）年に東邦商業に入学した19回生の岡島貞一氏（同期生組織である東邦辰巳会代表）は「2年生からは学校から4km以内に自宅がある場合は徒歩厳守になった。自分はラグビー部だったが、練習が八事のグラウンドであり自転車利用を認めてもらった」と述べている。

　愛知県での野球排撃決議は隣県の静岡県に飛び火した。1943（昭和18）年2月4

日、静岡県中等学校校長会は4月1日以降の対校戦禁止を決定し、体育の重点を銃剣道、滑空訓練などの戦時運動と勤労作業の徹底に切り替えた。2月15日には山口県が続いた。『東邦学園九十年史』の年表1943年の項目には、「4月24日　東邦商業・愛知一中・愛知商業・中京商業・享栄商業など有力校の硬式野球部解散」と記された。

Ⅳ　おわりに

　文部省が「野球統制令」を発したのは、教育活動の一環であるはずの野球部の活動において、小学校から大学まで生じている弊害を浄化させるためであった。戦局が緊迫化し、国民生活の窮乏が深刻化する中で、国は労働運動など国民の反発を抑えて天皇制国家体制を維持していくために、スポーツも体制維持政策として取り込んでいくことが求められた。野球統制令は、スポーツ統制、学校報国団体制を確立していく突破口でもあったと位置づけることができる。

　東邦商業の野球部黄金時代は、統制令発令2年後、まさに、国によるスポーツ統制が本格化しようとする時代でもあった。野球統制臨時委員として「野球統制令」の作成に関わった飛田穂洲は、文部省の学生野球統制が強まるにつれ批判的な立場をとるようになった。1943（昭和18）年3月には『相撲と野球』（『野球界』から改題）に「同志よ起て」と題した檄文を書いた。後に出陣学徒のために「最後の早慶戦」実現に尽力するなど、「学生野球の父」とも呼ばれた飛田は、「各大学の野球部は、各中等学校の野球部は、各小学校の野球部は幾十年の歴史に輝いている。伝統を失うことは日本人たることを自ら放棄するものである。先輩も起て、選手も起て、後援者も共に起って自らの母校を守り抜かねばならない」と訴えた。しかし、戦局が決定的に悪化していく中、その野球擁護論は挫折を余儀なくされたのである。

【参考文献】
愛知県史編さん委員会（2012）『愛知県史資料編35』愛知県
玉腰年男（1973）『東海野球史』風媒社
東邦学園70年誌刊行委員会（1993）『真面目の大施——東邦学園七十年のあゆみ』東邦学園

東邦学園九十年誌編集委員会（2014）『東邦学園九十年誌』東邦学園

東邦高等学校野球部史編集委員会（1994）『東邦商業学校東邦高等学校野球部史』東邦学園

中村哲也（2009）『近代日本の中高等教育と学生野球の自治』一橋大学提出博士論文

文部大臣官房体育課（1933）『本邦中等学校ノ野球部ニ関スル調査』文部省

山室寛之（2010）『野球と戦争——日本野球受難小史』中央公論新社

第6章　寒川恒貞による水力発電開発と電気製鋼事業の草創

青山　正治

I　水力発電所建設と電気技術者への道

1　寒川恒貞の電気技術者を目指す動機

　「寒川君、今名古屋電燈の電力が五千キロ遊んでゐるが、値段は安くていゝからこれで一つ電氣工業を遣つて見たいと思ふが、君の手許で何がよいか早速調べて呉給え」[1]、「君、名古屋電燈には今水力が五千キロも餘ってゐる一キロ五厘でもよいから此際何か利用法を考へて貰い度い」[1]。これは、福澤桃介（当時：名古屋電灯株式会社常務取締役、46歳、1868生-1938没）が、第一次世界大戦が勃発して急遽ドイツから帰国した寒川恒貞（当時：名古屋電灯顧問、40歳、1875生-1945没）に名古屋駅ホーム（現：名古屋市中村区笹島の笹島交差点あたりの駅舎）で下命した言葉である。寒川は、日本における水力発電開発事業および電気化学工業で手腕を発揮して電気製鉄・製鋼法の実用化確立の礎を築くことになる（資料6-1）。

資料6-1　寒川恒貞（電業社原動機製作所45年史より）

第 6 章　寒川恒貞による水力発電開発と電気製鋼事業の草創　　　79

　香川県高松市伏石町で生まれた寒川は、1898（明治 31）年 7 月京都帝国大学電気工学科に入学し、1900（明治 33）年末に実習生として派遣された博多電灯株式会社で直流電源を応用利用する蓄電池について興味を持ち、1902（明治 35）年 7 月に大学卒業後、同大学大学院へ進学して引き続き蓄電池の研究を行っていた。その翌年 3 月に結婚したことから大学院を 6 月に退学し、同時に旧東京市江東地域に電灯電力を供給する**深川電灯株式会社**（1890（明治 23）年 12 月開業）に主任技師として就職したが、何らかの事情ですぐに退社した。

　この頃、寒川の一年後輩にあたる株式会社芝浦製作所の清水荘一郎（後に日本起重機株式会社社長）は、上司の電気部主任であった**岸敬二郎**（明治・大正時代に活躍した水力電気と電気化学工業技術の第一人者であり、日本の電気産業を発展させた事業家、1869 生 -1927 没）から会社設立の準備を進めていた川越馬車鉄道株式会社の主任技師になることを勧められたが、離職していた寒川を適任者として紹介した [2] ことが機縁になり、寒川と岸との親交が生まれることになる。

　寒川は、1903（明治 36）年 10 月川越馬車鉄道 (1) に入社し、電気鉄道と電灯供給事業に必要とする火力発電所建設、鉄道敷設の設計および関連する電気工事、電気機械の選定とこれに係わる現場指揮者の任務を遂行した。同年 12 月改称した川越電気鉄道株式会社で、川越市久保町に常磐炭田の石炭を燃料とする川越火力発電所の建設を担当し、宮原水管式ボイラーと 150 馬力蒸気機関 2 台、出力 100kW 直流発電機（210V 電灯用 1 台、550V 電車用 1 台）(2) を 2 台設置した。さらに 1905（明治 38）年 1 月から川越市街 431 戸へ電灯供給を開始させた。電気鉄道敷設では、川越－大宮間に必要とするレールや機械類、電機機器までを芝浦製作所より納品させ、電気鉄道を 1906（明治 39）年 4 月 16 日に開業させた。

2　箱根水力電気の水力発電所建設と長距離高圧送電

　寒川恒貞は、1906（明治 39）年 9 月設立準備中の箱根水力電気株式会社の箱根・塔之沢の水力発電所建設を**大田黒 重 五郎**（当時：芝浦製作所専務取締役、水力発電の先駆者、実業家、1866 生 -1944 没）と岸敬二郎から依頼されて転職した。発電所建設では、電気施設および設備を統括する技師長を任された [3]。

　すでにここ箱根・湯本では、温泉旅館へ電灯電力供給を目的として旅館主らが 1891（明治 24）年箱根電灯会社 (3) を創立していた。箱根電灯会社の発電所（早川支流須雲川から取水、現：神奈川県足柄郡箱根町湯本 597 の吉池旅館内）は、水車場の

水利施設をそのまま利用して、1892（明治 25）年 6 月に湯本と塔之沢の温泉旅館
26 軒へ日本で 2 番目になる電灯電力の送電を開始した [4]。建設は、逓信省、海軍
省の技師を辞してまで水力発電所建設に執念を燃やした大岡正 [5]（1855 生 –1909 没）
が行い、小規模な国産の中島機械工場製のニウ・アメリカン式 45kW 水車 1 台と、
三吉電機工場製エジソン 10 号型直流 25kW、125V 発電機 1 台を設置した。
　一方、箱根電灯会社開業に触発された箱根・塔ノ沢の温泉旅館・玉の湯（別名：
洗心楼）の所有者**福沢辰蔵** [4] が、遠武秀行（当時：横須賀造船所長、日本鋳鉄所社
長）、福井直吉（当時：神奈川県農工銀行頭取、江之島電気鉄道取締役、県会議員、第 2、
3 回衆議院議員）、磯部橘郎（官界、実業家、東京大角力（相撲）協会）らを発起人にし
て 1896（明治 29）年 7 月**箱根水力電気株式会社**を創立した [6]。しかし、発電所の
建設資金を集めることができずに早川の水力発電計画を中断した。その後、福沢辰
蔵は、在京の事業家を発起人に参加させ、資本金 120 万円でふたたび箱根水力電
気を 1906（明治 39）年 12 月に設立した。塔之沢発電所建設（資料 6-2）では、芝浦
製作所から大きな資金支援と技術、資材の供給を受けることから、取締役に大田黒
を就任させている。
　寒川の仕事は、箱根・早川の流水を利用して出力 4,000kW の水力発電所と特別
高圧架空送電線路を建設して東京・横浜へ電力供給することであった。発電工事
の全容 [7, 8] は次の通りである。発電所までの取水工事は、寒川とこの箱根水力電
気で盟友になった土木主任技師の**杉山栄**（土木技師、1881 生 –1938 没）[5] が担当し、
箱根町宮ノ下の蛇骨川と早川が合流する富士屋ホテル下の取水入口（現：神奈川県
箱根町宮城野大東）から箱根町塔之沢の蛇喰澤（標高：海抜 402m 地点、旧：久野村
蛇喰澤）の貯水槽まで水路で、これより 2 本の水圧鉄管で**塔之沢発電所**（現：箱根
町塔之沢字臺ヶ嶽）まで導水する水路距離 3,225m、落差 214m の工事であった。長
さ 545m の水圧鉄管は、水圧を考慮して上方部を芝浦製作所製のリベット留め鋼管
と、下方部をドイツのフエルム会社製溶接鋼管として二つに分けて施工した。発
電設備は、ドイツのフォイト会社製インパルスタービン式 2,540 馬力ベルトン水
車 2 台、原動機と油圧式ガバナー、アメリカの GE 製回転田形磁路構造の 3,450V、
1,650kW 交流発電機 2 台を設置した。芝浦製作所の大田黒、岸、田澤昌孝（機械部
技師、田澤式小型水車の開発・設計者）と寒川らは、発電所工事も順調に進んだ 1908
（明治 41）年隣接地の玉の湯旅館で懇談し、水力発電事業の発展性を見込んで発電
水車も国産製でつくることで意見が一致した。その後、1910（明治 43）年 9 月に芝

第6章　寒川恒貞による水力発電開発と電気製鋼事業の草創　　　　81

資料6-2　明治43年の洪水後に復旧された塔
　　　　 之沢発電所の全景（山腹に水圧鉄管
　　　　 と送電線鉄塔）

浦製作所機械部から水車製造部門を分離して電業社水車部工場 [6] を旧東京市小石川区関口水道町に設置して実現させた。塔之沢発電所（総発電量3,300kW、最大電圧46,000V）は、1909（明治42）年5月竣工し、同年7月に運用開始した。
　一方、寒川は、塔之沢発電所－横浜・保土ヶ谷変電所間の約58kmに46,000V高圧架空送電線路の架設工事を行った。そのうちの山間地や木柱で風景を阻害する地区には、166基の鉄塔（総距離16km、最大鉄塔間距離220m）で、その他は木柱で架線敷設した。架空送電線路工事は1907（明治40）年7月に着手し、1909（明治42）年4月落成させた。寒川は、当時もっぱら外国製の電気設備を使うことが一般

資料 6-3　寒川恒貞設計の送電鉄塔
（横浜電気株式会社沿革史より）

的であったが、岸から架空送電線路に鉄塔がアメリカで盛んに使われていることを聞き、寒川自身が鉄塔設計技術を研究した（資料6-3）。鉄塔設計では、経済的な形状と鉄塔構造におよぼす電線張力、電線および鉄塔に加わる風圧、雪の負荷荷重について独自で強度設計まで行っている。架空送電線支持の方法には、1回線を三相三線で正三角形に置いて、各相のリアクタンスのバランスを配慮する設計法を考案した。さらに鉄塔は、防食のために日本で最初の溶融亜鉛メッキで鉄骨を被覆した166基の鉄塔を東京石川島造船所株式会社（現：株式会社IHI）に作らせて建てた[8]。また、岸敬二郎[9]は、寒川のために44,000V水冷式油入単相変圧器や、送電線支持碍子に日本陶器株式会社との共同研究で完成させた国産の高圧絶縁碍子を提供した。

　一方、横浜地区を営業管内とする横浜共同電灯株式会社（1889（明治22）年7月設立）は、日露戦争後も高騰する石炭燃料を使う火力発電に勝ち目がないことが明白になってきたので、経営方針の変更を迫られていた。経営陣は、窮余の策として箱根水力電気との競合を避けるために電力受電契約と合併交渉工作を1909（明治42）年5月から始めた。横浜共同電灯は、粘り強い交渉によって箱根水力電気が営

業開始する直前の同年6月吸収合併契約を結び、同年9月横浜電気株式会社に改称した[10]。

　ところが、塔之沢発電所が送電を開始した翌1910（明治43）年8月6日から関東地方は、梅雨前線停滞による記録的な豪雨と2つの台風が来襲して、発電所の浸水と鉄塔倒壊事故が発生した。箱根では、総降雨量が1,083mmにもなり、10日に早川が氾濫した。発電所は、1.2mの床上浸水被害を受けて発電停止、宮ノ下取水堰提の破壊と水路・水門の砂利堆積および小田原風祭地区の鉄塔3基を流失させる被害を受けた[11, 12]。続いて13日夜に沼津付近に上陸して関東地方を直撃した2つ目の台風は、強烈な暴風雨をもたらして小田原から国府津にかけて水田に建設した鉄塔60数基を倒壊させる事故になった[13]。

　寒川の当初の設計段階では、水田などの軟弱地盤の場合には鉄塔の地中部分に支持材を取付ける計画にしていたにもかかわらず、その後の実地実験で塔脚の下に約30cm角鉄板を付けて建てるのみでも鉄塔の傾き、浮上がり、地盤のき裂発生もなかった知見を得て、納得していた。このため施工時に、塔脚に支持柱で地中を固定せずに角鉄板のみで建てたことから鉄塔を倒壊させた。寒川の施工時の監督失敗でもあった。事故は、鉄塔の耐風圧設計の考えが欠けていたことが原因で、その後は支持柱の埋設深さとコンクリート基礎で固定する安全設計基準が作られた[13]。

Ⅱ　四国地方での新たな2つの水力電源開発

1　新たな水力電源開発へ徳島水力電気の桜谷発電所

　寒川恒貞は、川越電気鉄道の火力発電所と電気鉄道の敷設工事や箱根水力電気の水力発電所と横浜市街地までの遠距離送電網敷設工事をわずか2年8ヶ月間で成し遂げて一躍にして水力電気技術の著名人になった。

　四国地方で最初の電力会社は、旧徳島市内に火力発電所を設置して電灯電力を1895（明治28）年1月に供給開始した徳島電灯株式会社になる。1907（明治40）年に入ると徳島県内では、刻みたばこ製造の動力電源に吉野川水系井内谷川の水流を利用して辻町水力電気株式会社が設立された。辻町水力電気井内谷発電所（別名：辻町発電所、徳島県三好市井川町井内西）は、出力100kW芝浦製作所製ペルトン水車発電機1台をに設置して1908（明治41）年5月から供給開始している。

　一方、徳島の実業家である武智正次郎、後藤田千一、生田和平らは、旧徳島市内

の商業地に電力を供給する目的で鮎喰川（旧徳島県名東郡加茂名村）に出力 800kW
の水力発電所の建設計画案 [14] を作り、1908（明治 41）年 2 月に資本金 30 万円で
徳島水力電気株式会社を設立登記した。ところが、計画を進める設立人は素人ばか
りで建設の見通しがまったく立たなかった。そこで 1909（明治 42）年第 2 代社長
になった後藤田千一は、水力発電工事を推進させるために岸敬二郎（当時：芝浦製
作所電気部主任）を技術顧問に迎えて、発電所建設工事の一切を芝浦製作所にまか
せた。岸は、箱根水力電気塔之沢発電所を完成させていた寒川を呼び寄せて、同年
8 月に徳島水力電気主任技術者に就任させた。寒川は、水力発電の適地を再調査し、
那賀川に出力 1,400kW の**桜谷発電所**の建設工事に着手した [6]。

　寒川の発電地点構想は、徳島県那賀郡那賀町桜谷の那賀川に簡単な堰を造って取
水し、曲がりくねって穿入蛇行する河川の下流部の同町音谷字滝倉の桜谷発電所
（出力最大 700kW、常時 380kW）までの約 400m に導水路（有効落差約 20m）を通し
て発電することにした。導水路工事は、芝浦製作所の工事全般を請け負っていた株
式会社電業社の中島平太郎 [7] に依頼した。発電所には、ドイツのフォイト会社製
のスパイラルタービン式水車（1,000 馬力）2 台と油圧式調速機、700kW 芝浦製作
所製の 3 相交流発電機 2 台を設置して、1910（明治 43）年 10 月 10 日に桜谷発電所
が竣工した。電力送電は、24,000V の特別高圧送電線で電線路こう長 47km、鉄塔
980 基を使って現在の徳島市沖浜の沖濱変電所まで送電させ、同年 11 月 1 日に徳
島水力電気の電気事業が開始された。

　その後、架空送電線路は、沖濱変電所から北へ鳴門市撫養町、南へ小松島市坂野
町まで架設して 1911（明治 44）年 5 月に竣工した。徳島水力電気は、この送電線
路を開通させた同年 7 月徳島電灯から電力供給を受けていた撫養電気株式会社を吸
収合併し、さらに廉価な水力発電との電力販売競争に負けた火力発電の徳島電灯を
も同年 12 月に吸収した。その後、徳島水力電気は、徳島県内の電力需要に見合っ
た供給電力が不足するという問題を抱えて [15] 1923（大正 12）年 8 月に三重合同電
気株式会社に吸収合併され、さらに 1937（昭和 12）年 3 月東邦電力株式会社に電
気供給事業が引継がれることになる。

2　四国水力電気の設立と日本の電力王、福澤桃介

　寒川恒貞は、桜谷発電所が竣工するとともに技師長を辞して、郷里高松の**讃岐電
気株式会社**（後の四国水力電気株式会社）で本格的な水力発電開発を始めることにな

る。この事業は、すでに塔之沢発電所を完成させた 1909（明治 42）年 5 月に讃岐電気から吉野川水系における水力発電の水源適地調査を委嘱されていたことに由来する [3]。

　讃岐電気は、1903（明治 36）年 7 月出力 60kW で、瀧川村金蔵寺火力発電所（現：善通寺市）から丸亀、多度津、善通寺方面へ電灯・電力取付数 483 灯に供給開始したことに始まる。その後、1905（明治 38）年 9 月に、250 馬力ボイラーと 150kW 発電機を芝浦製作所から購入・設置して供給地区を琴平町、陸軍善通寺師団へ拡張したが、営業開始から赤字欠損が毎期続いていた。そこで 1907（明治 40）年 5 月香川県で讃岐鉄道や多度津銀行などを設立した事業家景山甚右衛門（1855 生 -1937 没）を社長に迎えて、電力供給区域を拡張する事業刷新を図った。その結果、同年 12 月には純益 3,500 円になり、創立以来初めての株式配当ができるまでになった。さらに景山は、安定した経営を目指して香川県下へ電力供給する一大拡張計画を目論んだ。この計画を達成するには、水力発電によって大規模な電力確保ができる立地点調査が必要として、金蔵寺発電所増設工事を請負った芝浦製作所の岸敬二郎に助言を求めたものと思われる。

　寒川が 1909（明治 42）年 5 月から始めた発電所適地の水源調査では、水量が多くて急激な渇水のおそれが少なく、標高差が大きな蛇行河川となる適地として善通寺から約 30km に位置する吉野川支流祖谷川を選んだ。建設候補地は、祖谷川からの取水導水口を徳島県三好市池田町松尾に、出力 2,000kW ダム水路式発電所を三好市池田町大利京田に建設した。これが当時四国最大の水力発電所として建設されることになる旧三縄発電所である。讃岐電気は、同年 8 月徳島県知事に発電水利使用権の申請を行い、同年 12 月 27 日に許可を受けた。1910（明治 43）年 2 月から発電地点の精密測量を開始し、5 月に建設工事費の見積もり計算を完了した。臨時株式総会は、資本金 20 万円を 100 万円増額して総額 120 万円の資金計画を 7 月 25 日承認した。しかし、三縄発電所建設の資金調達は、地元事業家だけでは不足して計画達成が遠のく事態にもなりかねなかった。

　この頃、岸は、**名古屋電灯株式会社** [8] 株式の大量買収に成功した福澤桃介から、水力発電技術・開発の見識を深めるための相談相手を探すように依頼を受けていた [16]。さっそく寒川は、福澤との面会の機会を得て、三縄発電所の建設資金不足で困窮している状況を話し、資本出資の支援を受ける手はずを整えた。これが、寒川と福澤とが面識を得る始まりである。その結果、株主総数は 275 人になり、地

元実業家の武田定次郎、会田房太郎、景山甚右衛門、地域外実業家の大田黒重五郎、寒川恒貞、福澤桃介、商機にかけて明敏で弁舌にすぐれると言われる八木元三（八木合資会社代表社員、1875 生 - 没年未詳）[9] ら 21 人の大株主（300 株以上）から出資を得た[17]。讃岐電気は、供給区域を四国一円まで将来拡張する目的で 1910（明治 43）年 12 月 4 日**四国水力電気株式会社**に改称した。

一方、**福澤桃介**（旧姓：岩崎桃介、福澤諭吉の婿養子となり改姓。1868 生 -1938 没）が日本の電力王と呼ばれるまでになるきっかけは、日露戦争後の株式投資で「（前略）電灯ガス事業の株式投資は誰がやっても薄利でもきっと儲かり成功すると気付いて、設立の準備を進めていた佐賀の廣瀧水力電気会社（明治 39 年 11 月 4 日設立）株を引き受けたり、明治 41 年には潰れかかった豊橋電気会社（明治 27 年 2 月設立）の株を頼まれて引受け、経営に参画して全国各所に手を広げていた。その次は頼まれたのではないが株が安いので買って名古屋電燈会社を経営して見ようと奔走した（後略）」と、回想している[18]。

この福澤の名古屋電灯株買収の発端は、「事業報告書」記載の総送電量と営業収入とに差違があるとして過去 5 年間の業務内容調査の検査役選任について、株主の八木元三ほか 85 名が 1908（明治 41）年 10 月名古屋地方裁判所に提訴したことから始まる。判決の結果、福澤諭吉の門下生で友人であった矢田績（当時：三井銀行名古屋支店長、1860 生 -1940 没）、大喜多寅之助（当時：弁護士、愛知法律学校校長、1921（大正 10）年名古屋市長）、山田豊（当時：弁護士）の 3 名が選任された。実際に業務調査を行ったのは矢田であり、矢田がこの調査で知りえた「名古屋電灯の前途は有望にして予想外に財産状態良く、安価な株価になっている」との調査資料を福澤に見せた[19]。1909（明治 42）年 2 月 18 日名古屋ホテルで福澤は、北海道炭鉱鉄道株式会社在職中に北海道の石炭を伊勢湾地方へ売る取引から知友となっていた有限会社愛知石炭商会の**下出民義**（当時：愛知石炭商会の社主、後に名古屋電灯取締役、株式会社電気製鋼所初代社長、貴族院議員、東邦商業学校開設など歴任した実業家、1862 生 -1952 没）、矢田との 3 人で名古屋電灯株の買い占めを謀り、密かに下出に 1909（明治 42）年上期末までに総株 105,000 株中の 5,390 株を取得させた。福澤は、下出の助力によってさらに株を買い増して、大株主として会社経営の業務にも介入して行くことになり、1909（明治 42）年 7 月顧問、同年 10 月相談役、翌 1910（明治 43）年 1 月取締役、同年 6 月常務取締役に就任し、会社事業の建て直しに躍起になって奔走した。この間に福澤は、名古屋市内へ進出しようと出力 7,500kW 木曽

川発電所（1917（大正6）年八百津発電所に改称）の建設工事を進めている名古屋電力株式会社との熾烈な電灯販売競争を目の当たりにして、豊富な木曽川水系の水資源利用に強い関心を持つことになった。

　福澤常務取締役は、木曽川発電所建設中の資金調達が困難な状況の名古屋電力との合併を提案したが、多くの株主は合併に反対した。福澤は、反対株主に合併の有益性と合併利益の内部留保で安定な株配当することを約束して、同年8月3日名古屋電力と合併の仮契約をした。ところが、同年8月26日の名古屋電灯臨時株主総会で、名古屋電力との合併案は承認されたが、取締役と監査役を増員させる定款改正案は賛成する電友会派と、新しい役員を加えることは経営を不安定にすることだとする反福澤の愛電会派の2つに分かれて株主間で大紛糾し、総会が2、3日間も止まってしまった。総会は、8月30日に再開し、役員定数増員改正案の賛否投票を行ったが、賛否同数にて議長決済となり、福澤議長は議決行使を中断するに至った。再び10月18日に臨時株主総会を開催し、やむを得ず取締役9名以下、監査役6名以下とする折衷案の定款改正にしたところ、この時は何事もなかったように承認された。福澤は、このいざこざに釈然としない思いから1910（明治43）年11月常務取締役を突然辞任し、事態の収拾を謀った。

　名古屋電力は、出力7500kWの木曽川発電所（1911（明治44）年10月20日竣工）の完成をまたずに解散し、同年10月28日名古屋電灯に吸収合併された。

　一方、寒川は、福澤の辞任を好機と捉えて1911（明治44）年3月福澤を四国水力電気社長に迎え、副社長影山甚右衛門、取締役に大田黒重五郎（当時：芝浦製作所専務取締役）、松永安左エ門（当時：博多電燈軌道株式会社専務取締役）らと、監査役に寒川恒貞の陣容で水力発電開発達成の準備を整えた。寒川が福澤を社長に迎えた頃、岸は「（寒川）君と福澤と一緒になつたら面白い仕事が出来る」と言い、寒川が「九州水力電気が創立したならば技師長になる約束がある」と断ると、「（岸は）顧問で良いと、云うので（寒川は）承諾した」とのエピソード[1]を寒川が遺している。この会話は、福澤が寒川の有能な仕事と将来を機敏に図る心ひかれる人であることを見抜き、岸に仲介の労を委ねた一幕である。このようなことから寒川は、1911（明治44）年福澤桃介の個人顧問になっている。

　三縄発電所建設はついに1911（明治44）年5月、王子製紙株式会社千歳川水力発電所を建設した吉川三次郎[(10)]が土木工事主任技術者に、岸と寒川が電気工事主任技術者になって起工した。発電所は、利用水量8.3m^3/sec、有効落差40.3mのダ

ム水路式で、スイスのエッシャーウイス社製 1,500 馬力竪形フランシス型水車 2 台とドイツのシーメンス・シュツケルト社製 1,000kW 回転田形磁路構造発電機 2 台を設置した。発電所は、当時四国では最高の発電出力 2,000kW、送電電圧 33,000V で 1912（明治 45）年 10 月 23 日に竣工し、11 月 10 日から営業運転に入った。その後、1917（大正 6）年 12 月福澤社長が他の電力事業経営に多忙をきたしたことから景山が社長に就任した。寒川は、1920（大正 9）年 12 月に四国水力電気の監査役から取締役に就任し、景山社長が病気により 1924（大正 13）年 12 月退任すると、社長に就任して 1928（昭和 3）年 3 月まで在任した。

Ⅲ　名古屋電灯の電気製鋼事業への展開

1　福澤桃介の水力発電事業と名古屋電灯社長就任

　日本において水力発電が重要視されるようになるのは、1907（明治 40）年以降の火力発電燃料価格の高騰と電灯需要の急増対策が転換点になる。しかし、水力発電事業会社においても、長期間の水量調査をせずに高額な設備投資をおさえて中小河川で発電所を建設する風潮があったので、夏冬の渇水や灌漑期に水量不足で停電する事態にもなっていた。そこで政府は、民間による水力発電事業を促進させる目的で逓信省内に臨時発電水力調査局を置いて 1910（明治 43）年 4 月から 5 ケ年計画で全国の河川における有望な発電地点の地質、地形、水量などの実地調査（第 1 次発電水力調査事業と呼ぶ）[20] を開始した。この調査事業を 1909（明治 42）年 5 月に立案したのが当時逓信省通信局電気課首席技師の渋沢元治（渋沢栄一の甥、東京帝国大学教授、名古屋帝国大学初代総長、電気事業法・水力発電開発に貢献した電気工学者、1876 生 -1975 没）である [21]。この調査事業が端緒になって、電気事業の保護・発展の促進を目的に 1911（明治 44）年 3 月電気事業法が公布された。

　一方、四国水力電気三縄発電所の建設工事も順調に進行して完成に近づいていた 1912（明治 45）年初冬、寒川恒貞、大田黒重五郎と岸敬二郎は、福澤桃介から相談を受けていた木曽川水系の水力発電立地点の水利権確保について策を練っていた。この結果、1912（大正元）年 9 月に匿名組合「**大正企業組合**」を設立した [22]。この組合は、各地の実業家を組合員に勧誘して調査研究資金を集め、多くの競願者が現れる水力発電地点の水利権を優位に獲得して、電気事業会社の設立までを指導、仲介から建設まで請負う事業組合を企図した [23, 24]。組合では、電気設備部門に寒

第 6 章　寒川恒貞による水力発電開発と電気製鋼事業の草創　　　89

川を、土木部門に吉川三次郎（鉄道・水力発電土木工事）を配して調査統括させ、手取川、由良川、十津川、櫛田川、矢作川などへ技術員を派遣して水利調査させた。組合は、1919（大正 8）年 3 月の解散までに、17 地点、8 万馬力の水利権を確保し、矢作水力、白山水力、尾三水力などの各会社に水力発電所を建設した [22]。

　寒川は、1912（大正 2）年臨時発電水力調査局の廃止に伴って、中部地区の水力地点調査を行っていた知友の**杉山栄** (5) を名古屋電灯や大正企業組合の技師に就任 [22] させて水力開発にあたらせている。その後、杉山は矢作川水系の岐阜県恵那市下村発電所ほか 5 発電所、愛知県豊田市の黒田貯水池ダム、天竜川水系の長野県下伊那郡の泰阜発電所、木曽川水系の長野県木曽郡王滝村三浦貯水池ダムなどを計画、建設した。

　一方、名古屋電灯では、福澤が常務取締役を辞任した以後も木曽川発電所の完成によって生じた余剰電力解消に需要先の拡張もするが、相変わらずの資金不足と株価配当の低落が続いていた。株主からは、豊橋電灯株式会社を整理して株価を立ち直らせ、九州電灯鉄道株式会社（1912（明治 45）年 6 月九州電気株式会社と博多電燈軌道が合併して改称）で好収益をもたらせている実績を挙げて、福澤取締役の経営復帰を望む意見が出ていた。そこで、1912（大正元）年 12 月 26 日の定時株主総会で福澤が議長になり、経営陣一新の提案が承認されると、役員に加藤重三郎、佐治儀助、福澤桃介、貝塚telon兵衛、兼松熙、田中新七、下出民義の 7 名を取締役に、木村又三郎、渡邊龍夫、後藤幸三の 3 名を監査役に指名した。翌 1913（大正 2）年 1 月、福澤は再び常務取締役に就任した。さっそく九州電灯鉄道の角田正喬を呼び寄せて名古屋電灯支配人に就任させた。角田の会社経理調査の結果、各家庭の取付灯数と契約収入金の相違、多額な未収金の徴収や集金人給与の歩合制導入、全社員の販売電灯数ノルマ採用の施策によって、1913 年後半期には電灯契約数 35,000 灯増と、株主配当金年 9.6% を行えるまでなった。しかし、当時はタングステンフィラメント白熱電球の発明される前であり、ガス灯の方がはるかに照度が高かったので、折角勧誘しても解約者が多数でていた。同年 3 月 1 日福澤は、寒川を名古屋電灯顧問に任命して、木曽川水系の水力開発を推進させた。この頃、名古屋の政財界を巻き込む事件が 1913（大正 2）年 8 月に発覚し、名古屋電灯の経営陣の関与が疑われた。

　この事件は、名古屋大須の旭遊郭の移転に関して、稲永新田の土地を地主から名古屋土地株式会社に実勢価格より高額で買い取らせ、その差益を名古屋土地専務

の兼松熙（当時：名古屋電灯取締役）、名古屋電灯取締役社長加藤重三郎、前愛知県知事深野一三らが共謀してバックマージンを得たとした稲永疑獄事件で起訴（1914（大正3）年6月の第二審判決で証拠不十分として全員無罪）されたことにより、1913（大正2）年12月名古屋電灯の加藤と兼松は退任した。この結果、加藤社長が不在になったので社長代理に福澤常務取締役が、常務不在の際には下出民義が常務取締役代理を務めて、名古屋電灯の一切の業務を遂行することになった。その後、1914年12月1日取締役会にて福澤が取締役社長に、下出が常務取締役に選任されて、経営の立て直しに取り組んだ。

2　補給火力熱田発電所の建設

　名古屋電灯の供給電力は、1909（明治42）年末に第三火力発電所（旧永主町発電所）と水力発電の巴川発電所、小原村発電所のみでその発電量はわずかに2,550kWであった。これが1913（大正2）年末には、出力4,200kWの長良川発電所と出力10,000kWの木曽川発電所の稼働よって総供給電力量が16,560kWにもなり、需要先の開拓を強力に行って総消費電燈・電力量は12,787kWに到達したが、なお3,780kWの余剰電力量が発生していた。水力発電所の弱点は、渇水期に河川水量が不足すると送電が出来なくなる恐れがあり、渇水期に減少する発電量の補完はもちろん、突発的な事故や予想外の需要の増加に備えるために応急的に電力を補充する補給火力発電所建設が急務になっていた。

　そこで名古屋電灯は、1911（明治44）年12月に火力発電所敷地として富士製紙株式会社（現：王子製紙）から旧名古屋市南区熱田東町の約44,300m^{2}を購入した[25]。この用地は、富士製紙の事業拡大のための新工場予定地であったが乱脈な経営による業績悪化[26]で売却したものである。

　表6-1は、熱田発電所の建設から発電設備の増設と電気製鋼所製鉄工場（後の熱田工場）の変遷を示した[27]。発電所建設は、1914（大正3）年6月に認可を受けて2期に分けて工事を進めた。第1期建設工事は、発電所建物と出力3,000kW発電機を1台設置して1915（大正4）年9月25日に竣工し、本使用認可を受けて使用を開始した。第2期建設工事は、出力4,000kW発電機1台を設置し、1917（大正6）年11月に使用認可を受けている。さらに翌1918（大正7）年6月には出力3,750kW発電機1台を増設して、熱田発電所の総発電量が10,000kWになったが、発電量が7,000kWに制限されていたので3,000kWが予備用発電量になっている。その後、

第6章　寒川恒貞による水力発電開発と電気製鋼事業の草創　　91

表6-1　名古屋電灯熱田発電所と電気製鋼所熱田工場の変遷

年月日 ＼ 事項	増加出力	発電機	蒸気タービン	ボイラー
1911（明治44）年 12月14日	名古屋電灯（株）は、火力発電所敷地として富士製紙（株）から旧名古屋市南区熱田東町字丸山の約44,300m²（13,400坪5合8勺）を購入し、登記。			
1914（大正3）年 4月14日	発電所設置の認可申請。			
1914（大正3）年 6月19日	発電所の設置認可を受け、建設工事に着手。			
1914（大正3）年 10月21日	寒川恒貞が第一次世界大戦勃発により急遽帰国し、名古屋駅にて福澤桃介より名古屋電燈（株）の余剰電力解消対策を依頼される。			
1915（大正4）年 2月11日	発電所室内に50kWジロー式合金炉を製作・設置し、合金鉄および高速度工具鋼の試作研究の開始。			
1915（大正4）年 8月20日	発電所の汽缶、汽機の竣工。			
1915（大正4）年 9月25日	発電所の建設工事（3,000kW）竣工。			
	3,000kW	米国G.E.製 3,775kVA　1台	米国G.E.製カーチス式 1,800rpm、4,300馬力 1台	英国B&W製　2基 蒸気圧力14kg/cm² 過熱温度290℃
1915（大正4）年 9月30日	発電所の仮使用許可。			
1915（大正4）年 10月19日	発電所の本使用認可。			
1915（大正4）年 10月	発電所内に名古屋電灯（株）製鋼部を設立。600kWジロー式合金鉄用電気炉と1.5トンエルー式製鋼用電気炉の設計に着手。			
1916（大正5）年 1月8日	600kW1.5トンジロー式合金鉄用電気炉完成し、発電所内に設置。フェロシリコンの試験製造を開始。			
1916（大正5）年 3月10日	1.5トンエルー式製鋼用電気炉完成し、発電所内に設置。炭素工具鋼の試作開始。			
1916（大正5）年 6・7月	フェロタングステン合金鉄の試験製造開始。合金鉄・フェロシリコン、フェロクロム、販売開始。			
1916（大正5）年 8月9日	発電所・南敷地に7月31日からバラック建て製鉄工場（後の熱田工場）に電炉工場の建設工事着手し、完成する。電炉工場に600kWと150kWジロー式合金鉄用電気炉各1台、1.5トンエルー式製鋼用電気炉1台を移設する。			
1916（大正5）年 8月19日	名古屋電灯（株）から製鋼部を分離し、（株）電気製鋼所を資本金50万円で設立。下出民義取締役社長、寒川恒貞常務取締役に就任。発電所敷地内の南敷地を製鉄工場用地（約8,600m²）とする。			
1916（大正5）年 10月	製鉄工場に鍛鋼工場完成し、0.5トン蒸気ハンマー1台、1トン蒸気ハンマー2台、焼鈍炉2基設置。			
1917（大正6）年 5月11日	発電所の第2期拡張工事に着手。			
1917（大正6）年 6月	名古屋電灯（株）に製鋼部を設置し、電気炉で製鉄を計画する。名古屋市港区五号地に敷地確保（後の木曽電気製鉄（株）、現：（株）大同特殊鋼築地テクノセンター）。			

年月日 ＼ 事項	増加出力	発電機	蒸気タービン	ボイラー
1917（大正6）年 9月12日	下出民義（株）電気製鋼所取締役社長を辞任。社長に福澤桃介、取締役支配人に下出義雄を選任。			
1917（大正6）年 11月12日	発電所の第2期拡張工事（4,000kW）竣工。			
	4,000kW	米国 G.E. 製 5,000kVA　1台	米国 G.E. 製カーチス式 1,800rpm、5,680馬力 1台	英国 B&W 製　2基 蒸気圧力 14kg/cm² 過熱温度 290℃
	発電所の使用認可。			
1918（大正7）年 1月17日	発電所の第3期拡張工事に着手。			
1918（大正7）年 6月7日	発電所の第3期拡張工事（3,000kW）竣工。			
	3,000kW	三菱造船所製 3,750kVA　1台	三菱船所製パーソン式 4,300馬力　1台* （*第1期のG.E.製4,300馬力を大正8年末休止）	
1921（大正10）年 10月18日	名古屋電灯（株）は、関西水力電気（株）と合併し、解散する。発電所の発電能力（常用 7,000kW、予備 3,000kW）となる。			
1922（大正11）年 6月26日	関西水力電気（株）の商号を東邦電力（株）と改称する。			
1922（大正11）年 7月28日	（株）電気製鋼所と大同製鋼（株）とを併合し、（株）大同電気製鋼所と商号を変更する。寒川恒貞社長就任。 （熱田工場の建坪 1,501.25 坪、土地は関西水力電気（株）名義？）			
1936（昭和11）年 12月	（熱田工場の敷地 6,473 坪、建坪 3,715 坪）			
1937（昭和12）年 8月	大同製鋼（株）熱田工場に隣接した西部区域を工場拡張用地 25,331m²（約 7,600 坪）を買収。			
1941（昭和16）年 4月1日	配電統制令公布により、東邦電力（株）は中部配電（株）に廃止寸前の熱田火力発電所（発電能力 7,700kW、常時出力 2,700kW）などを出資し、解散する。中部配電（株）発足。			
1943（昭和18）年	金属類回収令に基づいて発電所の発電を停止。ボイラー・関連設備を日本曹達（株）、三井化学工業（株）へ譲渡する。			
1945（昭和20）年 1月	大同製鋼（株）熱田工場の総面積（土地：50,582m²（約 15,300 坪）、建物：25,167m²）			
1950（昭和25）年 5月10日	工場集約化にともない熱田工場を閉鎖する。			
1953（昭和28）年 6月29日	戦前の旧大同製鋼（株）、株式総会にて清算決了。			
1955（昭和30）年 10月5日	大同製鋼（株）熱田工場の全敷地および建物を（株）東海木材相互市場へ売買本契約完了する。			
1956（昭和31）年	（株）東海木材相互市場が元熱田工場の西部を土地・建物付で戸上電機（株）、愛知県木材買方組合、（株）成田製作所などへ分譲する。			
1957（昭和32）年頃	発電所の跡地を東海木材相互市場（株）に譲渡。			

名古屋電灯は、関西水力電気株式会社と合併して東邦電力となるが、1941（昭和16）年4月の配電統制令によって全国の配電事業者は国家統制により再編成されて中部配電株式会社となる。当時の熱田火力発電所は、発電設備の老朽化により廃止寸前にあったが、太平洋戦争の戦局悪化にともなう物資不足を補う1943（昭和18）年の金属類回収令により発電設備を日本曹達株式会社および三井化学工業株式会社へ譲渡して発電所機能は完全停止した。

3　名古屋電灯の電気製鋼事業創成

　寒川恒貞は、すでに四国水力電気三縄発電所の電力供給を開始させ、1913（大正2）年3月に名古屋電灯の顧問になり、福澤桃介が構想する木曽川水系の水力発電事業も順調に進みだしたので1914（大正3）年4月5日欧米視察旅行に旅立った[28, 29]。このとき福澤の子息福澤駒吉（後に矢作水力株式会社社長、矢作工業株式会社社長、昭和曹達株式会社社長、矢作製鉄株式会社社長などに就任。1891生 –1945没）と一緒にアメリカに渡った。その後、単独でイギリス、ドイツ、ノルウェーを視察し、スウェーデンのマルメ（Malmö）へ着いた1914年7月28日に、オーストリアとハンガリーがセルビヤに宣戦布告して第1次世界大戦が勃発したので、急遽視察を中止し、ドイツのベルリン、オランダを経て8月7日イギリスのロンドンに逃れて来た。日本への帰国船は、どの乗船切符も売切れで、ロンドン港8月29日発、神戸港10月13日入港予定[30]の日本郵船第二世常陸丸の特別三等切符を入手して8月30日にロンドン港を出港した。常陸丸は、駐オーストリア大使館職員を始め101名の避難邦人を乗せ、10月20日午後6時ようやく神戸港内に姿を現した[31]。この間に常陸丸は、スエズ運河を通り、スリランカのコロンボに入港したが、ドイツ巡洋艦エムデンがベンガル湾洋上を航行する商船を攻撃していたので、スリランカのコロンボ港で7日間も避難停泊することになり52日間の長い航海になった。

　寒川を乗せた列車は[11]、翌日の10月21日朝に神戸駅を発ち、東京・新橋駅へ向かう途上の昼過ぎに名古屋駅（現：名古屋市中村区名駅1丁目笹島交差点北西あたり）プラットホームに入った。駅には、多数の名古屋電灯社員と福澤常務取締役が寒川を出迎え、停車中の数分の間に福澤から唐突に名古屋電灯の余剰電力解消対策を依頼されることになる（Iの1参照）。福澤の言葉は、余剰の電力を大量に消費する電気化学工業の中から将来性のある事業を見つけ出せという緊急命令であった。この日を境に寒川は、電気製鉄・電気製鋼、アルミニウム工業およびソーダ工業の

三大電気利用の事業家として活躍するようになる。

　早速調査を行った寒川は、電気化学工業の将来性を次のように考えた。

　「……（前略）何れも皆経験がない仕事ばかりだから、始めからうまく行くかどうかわからぬが、先ず第一に電力を沢山使ふ工業で、将来発展性のある仕事は、何であるかといふ事を目標として取調べた結果、アルミニューム工業、製鉄製鋼事業、曹達工業の此の三つ位であると考へ、……（中略）……先づアルミニュームに就いていふと、第一原料が容易に手に入らない上に、当時内地の需要は、一ケ年八百瓲内外に過ぎなかつた。次に曹達であるが、其時はまだ化学工業がさう発達して居らなかつたから、五千キロを使ふという事は容易でない。又原料の塩も政府の専売になつてゐるから、到底安く手に入るまいと思つた。最後の製鉄製鋼には色々種類がある。合金鉄もあれば、普通鋼もあり、特殊鋼もあり、鋳物もあれば銑鉄もある（当時銑鉄も電気炉で出来ると思つて居た）、銑鉄の如きは、民間では直ちに鉱石は手に入らないが、其他のものは原料として問題がない、のみならず、殊に合金鉄の如きは、当時やつてゐたカーバイドの製造法と大した相違もなく、電力も初めから相当使へると思つた。但し是丈では、容易に出来る代り特徴もなく、人も直に真似が出来るから面白味がない、故に最初は合金鉄をやりつゝ、特殊鋼の方に進んで行けば面白いと云ふ結論をつけて、福澤氏に此事を報告したら『其はよい、試験費に五万円出すから早速始めよ』との命令であつた。流石に福澤氏だけあつて着想もよいが決断も早い」と回想 [1] している。

　一方、日本で最初に電気炉を導入して電気製鉄・製鋼の試作研究を行ったのは長野県松本の**土橋電気製鋼所**（現：松本市大字島内新橋）土橋長兵衛（幼名：田実治、1868 生 -1938 没）[32, 33] である。土橋は、2 種類の電気炉を自作して 1908（明治 41）年 12 月 21 日に電気製銑炉で鉄鉱石から合金鉄を、翌年 1 月 31 日にはエルー式もどきの電気製鋼炉 [33, 34] で原料の屑鉄と砂鉄銑から溶解・精錬して鋼や高速度工具鋼の製造に成功している。次いで 1910（明治 43）年砂鉄製錬してるつぼ鋼を作っていた**安来鉄鋼合資会社**（現：日立金属株式会社安来工場）[32] が 200kg のアーク式電気炉を自作して工具鋼、高速度工具鋼の試作研究を始めており、1915（大正 4）年にイタリヤ製 1 トンスタッサノ式電気炉 [35] を輸入して、高速度工具鋼の量産化に成功した。明治期に電気炉で工具鋼などの製造を開始したこの 2 社は、小規模な生産量のみであった。

　寒川が、芝浦製作所の岸敬二郎に合金鉄と特殊鋼の製造を行う計画を相談する

と、電気製鉄の現状を調べるために先駆者の土橋長兵衛を紹介された。土橋は、安曇水力電気株式会社の安い電力を利用してマンガン合金鉄や金属の切削工具材料である高速度工具鋼の製造について試作・実用化研究を行っていたからである。この時、寒川は、土橋に共同で大規模な工業的製造を行いたいと申し出たが同意が得られず、やむを得ず独自（やがて電気製鋼所の創立の発端になる）に事業を進めることになった。

4　名古屋電灯・製鋼部の設置と電気炉の設計製作

　1914（大正3）年12月1日名古屋電灯取締役会で福澤桃介社長、下出民義常務取締役の就任が決まり、電気製鉄および電気製鋼の研究試験のための事業化資金5万円が株主総会で了承された。寒川は、直ちに合金鉄をつくるための電気炉設計に着手した。当初は、合金鉄の原料にけい素、マンガン、クロム、タングステンなどの含有鉱石と鉄くずおよび還元剤のコークスを高温度で溶解できる電気炉があればと考え、炉径約90cmの円筒鉄板製でライニングした貧相な50kWジロー式電気炉（寒川は50kW、高柳憲次は300kVAと回想している[28]。本稿では設計者寒川の説を採用）を設計し、1915（大正4）年2月11日熱田発電所の蒸汽タービン室に設置して合金鉄および炭素工具鋼、高速度工具鋼などの試作実験を始めた。さらに、1915年3月13日逓信大臣に化学工業及び水源涵養に関する造林事業兼営の定款変更を申請した。その後、繰返し実験を行った結果、合金鉄と炭素工具鋼、高速度工具鋼の試作品を造る目処が付いた。そこで、将来の会社設立を前提にして1915年10月名古屋電灯熱田発電所内に**名古屋電灯製鋼部**を置いて製造の実用化体制を整えた。製鋼部部員には高柳憲次が一人配属された。寒川は、本格的な工業用電気炉で合金鉄用の600kWジロー式電気炉と、製鋼用1.5トンエルー式電気炉の設計製作に着手した。

　合金炉は、藤山常一（当時：電気化学工業株式会社常務取締役、1871生–1936没）[12]から意見を聞いて炉体を設計し、電極は電気化学工業がカーバイド製造に使っている輸入の三角黒鉛電極を譲渡してもらい、600kWジロー式電気炉を1916（大正5）年1月18日に発電所内に設置した。ジロー式電気炉の最初の火入れは、内山繁八幡製鉄所技手を雇い、同年2月11日に合金鉄製造を開始した。最初は、炉体の余熱不十分や原材料の装入間違いなどによって2回ほど失敗したが、作業回数を重ねる間に予定通りの配合割合のフェロシリコン合金鉄ができるようになった。

一方、製鋼用の 1.5 トンエルー式電気炉は、寒川がわずかの文献資料を参考にして設計・製作したので自身で確信が持てず、「……（前略）……このタイプ（電氣製鋼用の炉の種類）を極める丈でも相当苦心した、其の證據（証拠）に其時色々研究した結果、エロー式が一番よいとは思つたが、経験のない悲しさ、最後の断定がつかない、そこで窮策として万一エロー式でいけなかつたらジロー式に変更し得る様底に穴を開けて置いたが、遂に夫れは使はずに済んだ」と回想 [1] している。

すでに製鋼用のエルー式電気炉は、1905（明治 38）年ベルギーのリエージュで開催された万国博覧会で 1/5 縮尺模型が展示され、1906（明治 39）年アメリカのクルーシブル社において 4 トン単相角形電気炉で鋳鋼の工業化溶解が始まっていた。寒川は、この頃資料 6-4 の a）に示すようなエルー式電気炉の外観・構造図 [36, 37] を参考に設計したのであろう。

一方、電気炉製作の資材は、岸敬二郎が関係する会社や個人の支援に負うところが大きい。炉体の製作は、東京月島鉄工所の主任技師長新井米吉氏に依頼した。東京月島鉄工所（旧：東京市京橋区月島西仲通 10、1912（大正元）年 12 月創業）は、芝浦製作所や株式会社東京石川島造船所の船舶や陸上動力機械装置になる汽機、汽缶および一般鉄工品を製造する鉄工所であり、1925（大正 14）年に建物設備が石川島飛行機製作所へ転用されることになり解散した。新井米吉は、1925 年 4 月に鉄骨、機械、機関車を生産する東京機工社（旧：東京市京橋区仲通 9 丁目 5 番地）を設立している [38]。電気炉の変圧器は、大電流、低電圧のヘビーカレント変圧器を芝浦製作所に依頼した。このとき、芝浦製作所は鋼帯の引き出し口、その他の特許を取得した。黒鉛電極は、電気化学工業でカーバイド製造に使っていた輸入黒鉛電極を藤山常一に依頼して入手した。さらに黒鉛電極は消耗品であるので、カルシウムカーバイドを製造していた東京電化工業株式会社田口工場 (13) が自家用に造った黒鉛電極の譲渡を受けたが、純粋炭素粉末や強力に焼締めた電極を造ることができていないので電極の消耗が著しく、品質では輸入品が勝っていた（その後、電気炉の電極の重要性から寒川は、東海電極製造株式会社を設立することになる）。さらに、電気炉の炉壁材に使用する苦土石のマグネシヤ粉を官営八幡製鉄所に納入していた北九州市の末松商店（現：北九州市八幡西区田町 1 丁目）(14) から購入した。そのほかに製鋼や合金鉄の製造時に使用する副原料として、不純物除去のために螢石を某所から、合金鉄用の硅石やマンガン鉄鉱石を九州方面から購入している。初期の頃は、官営八幡製鉄所に在職していた内山繁技師の懇意としていた会社から購入したものであ

第6章　寒川恒貞による水力発電開発と電気製鋼事業の草創　　　　97

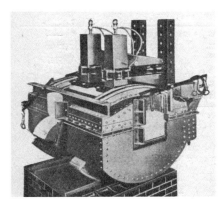

a) 初期のエルー式電気炉 [36]

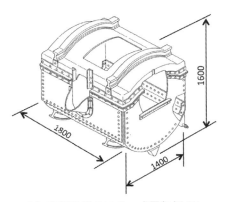

b) 寒川設計のエルー式電気炉 [39]

資料6-4　日本最初の1.5トンエルー式電気炉の外観構造
寒川が設計したエルー式電気炉の構造 [39] は、炉頂から2本の電極を降下させて炉内の原料金属との間にアークを発生させ、その熱によって金属を溶解・精錬させる形式になっている。溶かした溶鋼は、炉体を傾動させることで出鋼口から取出せる。炉体は軟鉄板を鋲付けして長方形箱形に作り、その内側に耐火煉瓦を積んで炉壁とする。さらに炉蓋には電極装入口を設け、炉内の熱を外部に放出させないように軟鉄板を鋲付けして内側に耐火煉瓦が貼ってある。出鋼口の対向面に原料金属装入口を設ける。炉内壁は、資料6-5に示すように断熱レンガの上にマグネシヤレンガを張り、さらにマグネシヤと塩化マグネシウム水溶液とで練り合わせ突き固めて炉床を完成させた。

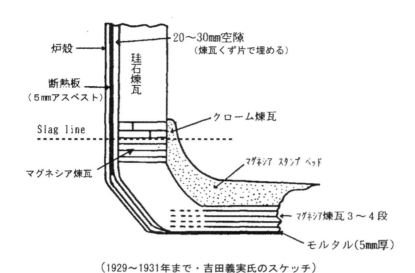

（1929～1931年まで・吉田義実氏のスケッチ）
資料6-5　電気製鋼所操業時のエルー式電気炉炉内構造 [39]

ろう。
　ついに待望された日本最初の電気製鋼用1.5トンエルー式電気炉が完成して、1916（大正5）年3月10日熱田火力発電所内に設置された。当初は炭素工具鋼から試作を始め、その後、高速度工具鋼の製造を本格的に始めようとしたが、何度やっても試作実験時のように満足なものを造ることができなかった。

5　電気製鋼所の設立と苦心の工具鋼製造
　名古屋電灯製鋼部では、フェロシリコン合金鉄製造に成功し、1916（大正5）年6月から岐阜・中津川から入手した原料で、市場価格が高騰していたフェロタングステン合金鉄の試験製造を開始した。しかし、熱田発電所はすでに1915（大正4）年10月から電力供給を開始しているので、所内では手狭でこのまま製鉄、製鋼作業を続けることは困難であった。そこで、発電所の南隣地（土地面積約8,600m²）にバラック建ての製鉄工場（後の熱田工場、旧名古屋市南区熱田東町字丸山60番地、現：名古屋市熱田区花表町21番地）に1棟の電炉工場を10日間かけて建築して、8月9

日完成させた。電炉工場内には、合金鉄製造用の 600kW ジロー式電気炉、新設の
フェロタングステン合金鉄用 150kW ジロー式電気炉と、製鋼用の 1.5 トンエルー
式電気炉 1 台を移設設置して、製造と販売を同時に進めようとした。

　名古屋電灯から製鋼部を分離し、炭素工具鋼、高速度工具鋼および合金鉄の製
造をする**株式会社電気製鋼所**が 1916（大正 5）年 8 月 19 日に創立された。資本金
は 50 万円で、株式の半数を名古屋電灯が持ち、残りを福澤桃介、下出民義、岸敬
二郎、寒川恒貞らが受けもった。役員は、下出民義取締役社長、寒川恒貞常務取
締役、他 3 名の取締役、5 名の監査役および福澤桃介が相談役に就任した。製鉄工
場長は内山繁技師が担当した。工場内に 1916（大正 5）年 10 月鍛鋼工場が完成し、
蒸汽ハンマー 0.5 トン 1 台と 1 トン 2 台、焼鈍炉 2 基をに設置した。電気製鋼所設
立後の 2 ヶ月間にフェロシリコン、フェロマンガン、フェロクロム、フェロタング
ステンの各合金鉄が生産され、呉海軍工廠、八幡製鉄所、日本製鋼所に納品され
た。需要急増で好調な販売成績をあげ、1 割の高配当ができた。しかし、炭素工具
鋼や高速度工具鋼の生産は、鍛延ができないぜい弱な材料ができるだけで商品には
ならなかった。そこで、1917（大正 6）年初めに寒川は、再度、岸敬二郎に相談し、
株式会社日本製鋼所（北海道炭礦汽船株式会社専務取締役井上角五郎が計画し、1907
（明治 40）年設立、北海道室蘭市）の技師富田群太郎を紹介されて雇い入れた。富田
の指導を受けて炭素工具鋼や高速度工具鋼の試作研究を続け、技術は次第に向上し
て常時安定した品質が得られないが、1917 年 6・7 月頃には工具鋼のタガネ鋼、高
速度工具鋼、半高速度工具鋼、けい素鋼などの特殊鋼を販売できる目処がつき、か
んな、のみ、ドリル、ダイス用の工具鋼類が各海軍工廠から指定購買者に認定され
るまでになった。

　しかし、当時の電気製鋼法では、平炉製鋼法やるつぼ製鋼法で作られた製品に
較べて品質が乏しく、1.5 トンエルー式電気炉で作る量の需要までに至らなかった。
そこで寒川は、岸敬二郎から聞いていた「日本で機械工業が発展してない理由の
一つは鋳鋼製造技術の未熟さであり、外国では鋳鋼業で安価な良品の鋳鋼が製造
できる」という説で福澤を説得し、電気炉による鋳鋼製造の試作実験を開始した。
1918（大正 7）年 2 月に呉海軍工廠技師の千石武雄を雇って本格的な生産に移行す
る準備に入り、8 月に鋳鋼製造を開始した。鋳鋼は、鋳鉄に較べて強靱なことから
鍛造作業用のアンビル、トロッコの車輪から海軍の砲塔付属部品、東京瓦斯電気株
式会社の自動車部品等々として順調に販路を拡張した。

一方、工具鋼の製造は、東北帝国大学本多光太郎博士の指導やドイツ・クレフェルト製鋼会社技師アルフォンス・ヴヰルチェック博士を 1921（大正 10）年 8 月に招聘して、工具鋼や特殊鋼材料の溶解法や熱処理技術の指導を受け、1922 年にようやく海外の工具鋼製品と遜色がないものを製造できるようになった。

　その後、電気製鋼所と大同製鋼株式会社 (15) が合併して、1922（大正 11）年 7 月 28 日に**株式会社大同電気製鋼所**が設立され、引き続き福澤桃介が社長に就任した。

Ⅳ　おわりに

　明治末期から大正初期は、欧米列強の仲間入りをめざして日本における産業の変革期を迎え、農業や紡績・繊維業を中心とした軽工業から水力発電事業の進展をみることで電気化学工業の勃興期を迎えることになる。この時代に活躍した電気技術者寒川恒貞の水力発電開発と電気製鉄製鋼の実用化までを総覧した。

　寒川恒貞の業績は、人と人との繋がりを大切にする背景があり、そこには芝浦製作所の岸敬二郎による有力なうしろ盾を得たことである。寒川は、「とにかく岸という人はよく先の見えた人で、なぜか僕のやることはよく信用してくれた」と言っている [1]。箱根水力電気塔之沢発電所からの長距離架空送電路と日本最初の送電鉄塔を完成させ、自身で発電適地調査を行って那賀川の出力 1,400kW 桜谷発電所と、祖谷川の出力 2,000kW 三縄発電所の建設を短期間で成功させた。さらに特筆すべき点は、福澤桃介を説得して三縄発電所の巨額建設資金を確保し、水力発電開発推進のために「大正組合」設立を企図するような起業家の側面ももっていたことである。一方、電気化学工業の中から経験がまったくない異分野の電気製鉄・製鋼事業に転換して外国雑誌や文献からの模倣ではあるが、電気工学の要素技術を駆使、統合したジロー式やエルー式電気炉を設計・製作して、日本で最初に工業的製造を確立して電気製鋼所（現：株式会社大同特殊鋼）に発展させたことも注目される。電気炉製作は、現在もなお大同特殊鋼の一つの事業部門として継承されている。

【注】

(1) 川越馬車鉄道は、現在の西武鉄道株式会社の前身で、1902（明治 35）年 5 月設立したが、事業の計画が定まらず、1903 年 9 月に並立して川越電灯株式会社を設立させ、両

社を同年 10 月 21 日に合併させて電気鉄道と電灯・電力供給を兼業経営とした。同年
12 月川越電気鉄道に改称した。

(2) 直流発電機は、岸敬二郎が設計した岸特許型界磁鉄芯構造の発電機であり、1904（明
治 37）年に米国セントルイスで開催された世界万国博覧会で金賞を受ける。

(3) 箱根電燈会社は、1891（明治 24）年に箱根湯本の旅館経営者福住九蔵（福住楼の経営
者）らが設立した。

(4) 福沢辰蔵は、東京・京橋で国内航路の海運業を営み、三井物産、大阪の名越愛助、
五百井清右衛門に並ぶ西洋型船舶所有者であった。福沢造船所は、利根川で運行の外輪
蒸気船銚港丸を造った。

(5) 杉山栄は、1905（明治 38）年東京帝国大学工科大土木学科卒業、1906（明治 39）年
箱根水力電気（株）土木主任技師、1911（明治 44）年 3 月逓信省臨時発電水力調査局
名古屋支局主任技師として国の第一次発電水力調査で中部圏内の水力電源調査を行って
いる。調査終了後の 1913（大正 2）年名古屋電灯に入社し、水力発電開発に従事した。
1918（大正 7）年木曽電気製鉄株式会社、1919（大正 8）年矢作水力株式会社専務取締
役など就任し、大井調整池（大同電力株式会社、1924 年竣工）や三浦貯水池（日本発
送電株式会社、1942 年竣工）を建設した。

(6) 逓信省通信局発行の『電気事業要覧』では、発電所地点が明治 42 年版からは鮎喰川
と那賀川が記載され、無記名であった主任技術者欄に寒川恒貞、明治 43 年版では主任
技術者が井上多助で、事業所別設備明細目には桜谷発電所の設置設備仕様のみ記載して
いることから、発電量が低い鮎喰川の発電所建設計画を中止し、桜谷発電所の建設認可
を 1910（明治 43）年 11 月 1 日受けたと推測される。

(7) 中島平太郎は、1905（明治 38）年 11 月東京市京橋区宗十郎町に水力および火力発電
所土木工事請負業として個人経営の電業社を創立。1910（明治 43）年 9 月電業社に水
車部を設置。1911（明治 44）年 5 月芝浦製作所から水車製造部門の譲渡を受ける。そ
の後株式会社電業社水車製造所から株式会社電業社原動機製造所とする。寒川恒貞は、
1915（大正 4）年取締役、1935（昭和 10）年社長に就任する。

(8) 名古屋電灯は、1989（明治 22）年 12 月 15 日に全国第 5 番目の電灯会社として開業。
政府の勧業資金を、旧藩士族卒族と実業家が株主となって資本金 20 万円で設立。火力
発電所は名古屋市入江町・南長島町（現：中区栄 2 丁目）の中央電灯局（後に第一発電
所）にドイツから輸入した AGE 会社製エジソン式 10 号型 25kW 発電機 4 台を設置。

(9) 八木元三は、1910（明治 43）年 12 月家督を継ぎ 2 代八木平兵衛を襲名。名古屋の呉
服太物洋反物商の八木合資会社執行社員、大豆漂白株式会社社長、豊橋電気株式会社取
締役、1918（大正 7）年一宮電気株式会社社長、大同電力取締役など歴任。なお、福澤
桃介と面識なるのは、福澤が名古屋電灯株を買収して株主名簿に登録される 1909（明
治 42）年 3 月以降であろう。八木は、福澤の経営刷新を支持して 1910（明治 43）年 11
月名古屋電灯臨時株主総会で役員増員請求した株主代表者。福澤から讃岐電気の資本増
資の誘いを受けて株購入を引受けた。

(10) 吉川三次郎は、工部大学校を 1882（明治 15）年 5 月卒業し、工部省鉄道局に入り横

川—軽井沢間のアプト式鉄道と関連土木構造物建設の技師。鉄道局離任後は、1908（明治41）年王子製紙の出力 10,000kW 千歳川第一水力発電所など全国の水力発電所を設計・完成させた土木技術者。

(11) 寒川の乗車時刻は、神戸駅7時40分発→名古屋駅12時41分着の新橋行き（翌日8時25分着）特別急行列車に乗車の可能性が極めて高い。（参考：1914（大正3）年4月訂補「列車時刻表」鉄道院運輸局編）。1914年12月20日から東京駅が開業して始発駅になる。

(12) 藤山常一は、1902（明治35）年4月に「三居沢カーバイト製造所」を設立し、カーバイド製造の国産化を日本で最初に行った。その後、カーバイドと窒素ガスとの化学反応を利用した石灰窒素肥料製造法を発明して北海道苫小牧の電気化学工業株式会社（旧：北海カーバイド製造所）で工業的製造法を確立した電気化学工業の先覚者。

(13) 東京電化工業株式会社田口工場は、1909（明治42）年電気化学工業所として大田黒重五郎、岸敬二郎らによって設立し、電気炉でマッチ原料を生産する日本初のリン製造工場で、さらにカルシウムカーバイドや炭素電極の製造をしていた。現在の中央電気工業株式会社妙高工場（新潟県妙高市大字田口272番地）になる。

(14) 末松商店は、地元で醤油味噌の醸造業を営み、官営八幡製鉄の建設の頃から構内鉄道敷設の枕木や溶剤の石灰石などを供給する事業を行い、1919（大正8）年12月に物品販売業として資本金100万円で株式会社末松商店を設立している。現在はニビシ醤油（1919（大正8）年日本調味料醸造株式会社創立、1920（大正9）年古賀工場建設、醤油操業開始）が継承している。

(15) 大同製鋼は、電気製銑炉から銑鉄を製造する目的で名古屋電灯製鉄部を1917（大正6）年設置、製鉄部を分離して電気銑鉄製造の木曽電気製鉄株式会社を1918年9月8日設立、その後、木曽電気興業株式会社、大同電力を経て大同製鋼になる。

【主要参考文献】
・早川安二郎編『創業二十周年記念株式會社大同電氣製鋼所要覽』（株）大同電氣製鋼所、1936年。
・寒川恒貞傳記編纂會『寒川恒貞傳』社会教育教會、1949年。
・大同製鋼株式会社『大同製鋼50年史』大同製鋼（株）、1967年。
・名古屋電燈株式會社史編纂員『稿本名古屋電燈株式會社社史』（復刻刊行：中部電力（株）能力開発センター）、1989年。

【参考文献】
[1] 早川安二郎編『創業二十周年記念株式會社大同電氣製鋼所要覽——大同電氣製鋼所を中心とする懐旧座談会』（株）大同電氣製鋼所、1936年、163-186頁。
[2] 寒川恒貞傳記編纂會『寒川恒貞傳』社会教育教會、1949年、414-422頁。
[3] 寒川恒貞傳記編纂會『寒川恒貞傳——寒川恒貞年譜』社会教育教會、1949年、1-8頁。
[4] 日本電気協会関東支部『電気ゆかりの地を訪ねて——日本初の国産機器による電灯供

給「湯本湯端発電所」』日本電気協会関東支部ホームページ https://www.kandenkyo. jp、Vol.27。

[5] 浅野伸一『中部のエネルギーを築いた人々——中部各地の水力発電に関わった草創期の水力技師大岡正』日本電気協会中部支部ホームページ http://www.chubudenkikyokai. com/archive/energy、2012 年 2 月。

[6] 東京電力株式会社編『関東の電気事業と東京電力——電気事業の創始から東京電力 50 年への軌跡　資料編』東京電力（株）、2002 年、83 頁、125-126 頁。

[7] 寒川恒貞『電氣學會雜誌』電気学会、29 巻、No.253、1909 年、513-549 頁。

[8] 杉山栄『工学会誌』日本工学会、29 巻、No.333、1910 年、453-478 頁。

[9] 大竹武吉編『工学博士岸敬二郎傳』岸敬二郎君傳記編纂會、1931 年、18 頁。

[10] 横浜電気株式会社『横浜電気株式会社沿革史』横浜電気（株）、1922 年、33-40 頁。

[11] 五十嵐秀一『電氣學會雜誌』電気学会、30 巻、No.269、1910 年、491-494 頁。

[12] 横浜電気株式会社『横浜電気株式会社沿革史』横浜電気（株）、1922 年、189-190 頁。

[13] 渋沢元治『電界百話』（株）オーム社、1934 年、93-95 頁。

[14] 寒川恒貞傳記編纂會『寒川恒貞傳——寒川恒貞年譜』社会教育教會、1949 年、37-38 頁。

[15] 徳島市史編さん室『徳島市史』徳島市教育委員会、3 巻、1983 年、299-301 頁。

[16] 寒川恒貞傳記編纂會『寒川恒貞傳——寒川恒貞年譜』社会教育教會、1949 年、46-49 頁。

[17] 進杳夢編『四水三十年史』四国水力電気（株）、1928 年、305-306 頁。

[18] 福沢桃介『桃介は斯くの如し』星文館、1913 年、145-146 頁。

[19] 野村浩司『矢田翁追憶百面枓』読話会、1941 年、65-66 頁。

[20] 工学会編『明治工業史　電気編』社団法人工学会、1931 年、470-475 頁。

[21] 渋沢元治『電界百話』（株）オーム社、1934 年、60-65 頁。

[22] 桐澤伊久太郎編『矢作水力株式会社十年史』矢作水力（株）、1927 年、2-5 頁。

[23] 谷孫六『明治大正実話全集　第 5 巻　財界興亡實話』（株）平凡社、1930 年、302-308 頁。

[24] 野沢嘉哉『大成功者出世の緒口』晟高社、1930 年、294-296 頁。

[25] 名古屋電燈株式會社社史編纂員『稿本名古屋電燈株式會社社史』（復刻刊行：中部電力（株）能力開発センター）、1989 年、226 頁。

[26] 二六新報『富士製紙の弁明』二六新報社（発行日：1912 年 6 月 19 日 -1912 年 6 月 21 日）。

[27] 中部配電社史編集委員会『中部配電社史』中部配電社史編集委員会、1954 年、340 頁。

[28] 早川安二郎編『創業二十周年記念株式會社大同電氣製鋼所要覽』（株）大同電氣製鋼所、1936 年、189-193 頁。

[29] 寒川恒貞傳記編纂會『寒川恒貞傳』社会教育教會、1949 年、49-52 頁。

[30] 日本郵船株式会社『会社案内（ドイツ語版）巻末・欧州航路配船表』日本郵船（株）、

1914 年。

[31] 『神戸新聞』：見出し「常陸丸虎口を遁れて帰る　佐藤駐オーストリア大使以下百名の避難邦人を載せて」乗船者名簿に寒川恒次と誤記（1914 年 10 月 21 日付朝刊第 7 面）。

[32] 日本工学会『明治工業史　鉄鋼編』社団法人工学会、1929 年、264-268 頁。

[33] 大橋周二『鉄鋼界』日本鉄鋼連盟、26 巻、7 号、1976 年、62-68 頁。

[34] 佐藤政一『鉄と鋼』日本鉄鋼協会、20 巻、4 号、1934 年、3-4 頁。

[35] 奥野利夫『鐵と鋼』日本鉄鋼協会、80 巻、1 号、1994 年、N23-N24 頁。

[36] 谷山巌『最新電氣製鋼法』修教社書院、1937 年、88 頁。

[37] 吉川亀次郎『工業電気化学　下巻』丸善（株）、1918 年、152-155 頁。

[38] 大西茂彦『商工省編纂全国工場通覧』日刊工業新聞社、1931 年、545 頁。

[39] 中住健二郎『第 12 回講演報告資料集』中部産業遺産研究会、1993 年、69-78 頁。

第7章 木曽川電力と大同電気製鋼所木曽福島工場の変遷

寺沢 安正

木曽路の夜明けをもたらしたのは

① 1907（明治40）年、木曽福島町周辺に電灯の明かりを灯した福島電気株式会社（以下、福島電気）の設立

② 1910（明治43）年、日本国有鉄道木曽福島駅の開業、翌年、木曽福島～宮ノ越間に鳥居トンネルが完工し、中央本線（新宿～塩尻～名古屋）が全線開通

③ 1916（大正5）年、名古屋電灯株式会社（以下、名古屋電灯）から製鋼部門を独立させ株式会社電気製鋼所（以下、電気製鋼所）を設立。1919（大正8）年に電気製鋼所木曽福島工場を操業

の3点を挙げることができる。

　下出民義は、1916（大正5）年に名古屋電灯製鋼部を分離、独立した電気製鋼所を設立、取締役社長に就任した。そして1919（大正8）年に福島電気と合併し、同年、木曽福島工場の操業を開始した。

　下出民義の長男・義雄は、1917（大正6）年に電気製鋼所の取締役支配人に就任、その後、電力事業部門を継承した木曽川電力の取締役社長に就任し、名古屋での実業界活動を始めた。そして、1931（昭和6）年に株式会社大同電気製鋼所社長に就任、1938（昭和13）年に株式会社大同製鋼所に改称、1946（昭和21）年まで社長を務めた。

　ここでは、木曽川電力と大同電気製鋼所木曽福島工場の歩みと下出民義、義雄父子の取組みを紹介する。

I　木曽川電力株式会社の沿革

1　福島電気株式会社の設立

　長野県木曽福島町周辺に電気が灯ったのは1909（明治42）年である。

　1907（明治40）年、地元で酒造業を営む資産家の川合勘助や小野秀一等が発起

人となり、福島町並びにその周辺集落に電灯を供給する目的で福島電気（資本金：5,000円）を設立、福島町新開地区の水利権取得を申請、新開村杭の原の黒川右岸に杭の原発電所を 1908（明治 41）年に建設し事業を開始した。この発電所の設計ならびに工事一式は水力発電の経験を積んだ大岡正技師に任された。

当時の主な需要家は信西社製糸場（50灯）、蔦谷旅館（45灯）、木曽山林学校寄宿舎（40灯）、岩屋旅館（23灯）、などで、その後、製糸会社、製材会社などで電動機の需要も増えていった。

2　鳥居電力株式会社の設立

1913（大正 2）年、当時の鉄道院が中央線鳥居トンネル掘削工事用として奈良井川に設置した発電所設備の払い下げを受け、地元の有志により鳥居電力が設立され、事務所を藪原に置き地元に送電した。その後、小野秀一が専務取締役に就任し、1917（大正 6）年に福島電気と合併した。

また、「藪原駅沿革」によれば、従来、駅の照明設備はランプを利用していたが、1917（大正 6）年、16 燭光 22 個、10 燭光 3 個を奈良井発電所と契約、さらに翌年、木曽川電力株式会社と合併したため、各種信号機 8 本へ 16 燭光、南北へ 100 燭光各 1 個、および 16 燭光各 3 個契約を増設したと記述され、駅舎照明設備の変遷を知る上で興味深いものがある。

3　奈川電灯株式会社

1922（大正 11）年 6 月、地元の古畑繁太郎はじめ 7 名が発起人となり奈川電灯が設立された。当時の奈川村村長齊藤縫喜が取締役社長に就任し、奈川発電所を建設し営業を開始した。この発電所は、信濃川水系黒川から取水（落差 9.7m）し、出力 18kW を発電、水車は荏原製作所製 24kW、発電機は明治電機製 25kVA であった。また、発電機の稼働時間は夕方から朝までで、今のようにメーター制ではなく定額制であった。発電所建設経緯について奈川村史の一部を要約すると、奈川電灯は 1921（大正 10）年 7 月 5 日に役場庁舎の一部を借り、事務所（3 坪）を設置、早速事業に取りかかった。以来村民一同、会社を援助して工事の進捗に努め、約 200m の導水路の建設、貯水池となる岩山の掘削（約 200㎡）、導水管の設置、発電機の据え付けなどが同時に行われ、予定された地点に電柱が建てられて電線が引かれた。その結果、逓信省の検査を経て、1923（大正 12）年 2 月 1 日から点灯に至ったと述

第7章　木曽川電力と大同電気製鋼所木曽福島工場の変遷　　　107

べられている。このように村民が力を合わせ協力し、いかに電気を熱望したかが判る。1935（昭和10）年、電気器具やモーター等が多く使われるようになり、需要増に追いつかず木曽川電力と合併した。

4　黒川水力電気株式会社の設立

　新開村の黒川地区ではランプ生活を送っていたので、地元の田中兼松らが1920（大正9）年頃から発電を始めた。1925（大正14）年、片原角太郎らにより黒川水力電気が設立され、吉田地籍（現：黒川小学校裏付近）に黒川発電所が建設された。

　この発電所は、木曽川水系黒川の水を約400m位導水し、当初直流3kWの発電機により地元7戸を対象に業務を開始した。その後、交流15kW発電機に増強し、黒川地区160戸、公共施設（学校、集会所、街灯などは無償供給）等に供給した。さらにもみすり機、こたつなどにも利用され、当時進歩的な電力を活用する村として注目された。

　その後、木曽川電力が開田村に供給エリアを拡大した。黒川地区を通過し、重複設備になることから、1929（昭和4）年に木曽川電力と合併した。

　また、木材産業の盛んな上松町では、1919（大正8）年に小川水力電気株式会社が設立され、合併後取り壊された黒川発電所の水力発電機は上松町小川発電所に利用された。

5　福島電気を設立した人物誌

　前述のとおり、当初地元の川合勘助、小野秀一などが発起人となり福島電気を設立した。

　川合勘助は地元で酒造業を営む資産家に生まれ、1892（明治25）年から木曽福島町会議員となり福島電気の社長を経て、1919（大正8）年に電気製鋼所の取締役に就任した。

　小野秀一は1887（明治20）年に長野県福島町下町に生まれ、1909（明治42）年に慶應義塾大学を卒業した。卒業後、地元福島町に戻り新進実業家として、福島電気設立発起人、木曽川電力の常務取締役、電気製鋼所の取締役、御嶽交通自動車商会（おんたけ交通の前身）の設立などに活躍した。

　一方、政治家として福島町会議員（1911（明治44）年当選）、西筑摩郡会議員（1913（大正2）年当選）、長野県会議員（1922（大正11）年当選）、長野県議会議長

（1935（昭和10）年就任）、衆議院議員（大政翼賛会の推薦を受け1940（昭和15）年当選）、同年、福島町財政更生の特別任務を負い福島町長に就任した。この他、福島町農業会長、西筑摩郡町村会長などに選任された。また、長野県会議員時代に廃娼運動と女子参政権に対する意見書を提出、全国に先駆けて県議会で決議した。

　両者とも、中央線の全線開通に活気づく地元開発のため、電気事業を発展させながら、電気製鋼所福島工場の建設を実現させた。

II　木曽川電力株式会社の概要

　木曽川電力の定款、第43回営業報告書「昭和12年下半期（12年5月1日～10月31日）」などに基づいた会社の概要は次のとおりである。

1　木曽川電力の事業内容
（1）会社名：木曽川電力株式会社

　①本店所在地：東京市麹町区丸の内1-6　東京海上ビルディング新館8階

　②資本金：3,932,000円

　③発行株式数：55,760株（このうち下出義雄は2,112株を保有）

　④株主数：1,213名

（2）営業目的

　①製鉄、製鋼、特殊鋼、合金鉄の製造販売及びこれに付帯する諸般の営業

　②一般電灯電力の供給

　③自家用電気事業ならびに電熱工業の経営

　④当会社の営業部類に属する事業の株式を所持し又はこれらの事業に資金を融通しもしくは保証をなすこと

（3）木曽川電力の発電所

　前述のように木曽川電力は1922（大正11）年に杭の原発電所、新開（当時第一）発電所、神戸（当時第二）発電所を継承して発足した。この神戸発電所（出力：1,800kW）は1920（大正9）に完工したが、大同電力寝覚発電所の建設に際し導水路の逆サイフォン用水槽が設置されたため、1937（昭和12）年に廃止された。

第7章　木曽川電力と大同電気製鋼所木曽福島工場の変遷　　109

表7-1　木曽川電力の発電所

発電所名（所在地）	出力	落差	水車	発電機	備考
杭の原発電所 （新開村杭の原）	80 300	31	373kWX1 電業社製	375kWX1 芝浦製	1916（大正5）年新設 1929（昭和4）年増設 1945（昭和20）年休止
新開発電所 （新開村出尻）	1,200	27	1,641kWX1 奥村電機製	1,500kWX1 奥村電機製	1919（大正8）年新設
奈川発電所 （奈川村小山）	18	9.7	24kWX1 荏原製	25kWX1 明治電機製	1923（大正12）年新設 1937（昭和12）年休止
日義発電所 （日義村箱渕）	1,200	27.3	1,343kWX1 電業社製	1,500kWX1 芝浦製	1937（昭和12）年新設
城山発電所 （福島町三軒）	1,350	19.9	1,500kWX1 電業社製	1,750kWX1 芝浦製	1938（昭和13）年新設

その後、日義発電所、城山発電所が建設され、現在、新開、日義、城山の3発電所が中部電力株式会社に継承され運転されている。

また、当時の木曽川電力発電所の概要は表7-1のとおりである。

Ⅲ　大同電気製鋼株式会社福島工場の沿革

1　株式会社電気製鋼所の設立

1916（大正5）年8月、名古屋電灯製鋼部を分離して、電気製鋼所（資本金：50万円、本社：東京市麹町区有楽町、工場：名古屋市南区熱田東町＝名古屋電灯熱田発電所の隣）が設立された。取締役社長に下出民義、相談役に福澤桃介が就任した。営業目的に熱田火力発電所の余剰電力を有効に活用するため電気炉による特殊鋼製造を工業化しようとする画期的なものであった。

当時、第一次世界大戦の渦中にあって、激増する鉄鋼需要、特にフェロアロイの需要増大に応えて、木曽福島工場（後に福島工場と改称）を建設、さらに福島電気を吸収合併して自家水力発電事業を兼営するなど企業発展に向かった。

翌年の1917（大正6）年9月、東京高等学校で研究者への道を進み始め、東京で下出書店も開業するなど、学究生活を続けたいとする長男の下出義雄は、名古屋に戻されて実業界で活動し始めた。その一つが民義が社長を務める電気製鋼所であった。義雄は同社の支配人につけられたが、「親子で社長と支配人というのはおかしい」という批判が出たため、民義が社長を退いて、福澤桃介が取締役社長、下出義

110

雄が取締役支配人に就任した。その後、下出義雄は 1931（昭和 6）年、大同電気製鋼所の 4 代目の代表取締役社長に就任、1938（昭和 13）年に大同製鋼株式会社に商号を変更、1946（昭和 21）年 2 月に社長を辞任するまでの 16 年間、激動する第 2 次世界大戦の時代を乗り越え発展させた。

ところで、名古屋電灯の社長でもあった福澤桃介は木曽川水系の電源開発のため水利権獲得を目指していた。また、新開村、木祖村などから良質な合金鉄製造のためのマンガン鉱石、珪石、石灰石など鉱物が採掘されており、福澤桃介は新開地区に発電所の建設と木曽福島町にフェロアロイの専門工場を建設する構想を持つに至った。

同時期、福島電気の川合勘助（社長）、小野秀一（副社長）は、水利権を名古屋電灯に譲渡する代償として、地元開発のため工場を建設するよう懇願した。このように名古屋電灯は水利権獲得、名古屋電灯の関係会社である電気製鋼所はフェロアロイの生産と両社の構想が一致した。

そこで、1919（大正 8）年に名古屋電灯から分離独立した電気製鋼所が木曽福島工場を建設し、同年、福島電気を合併した。この時、川合勘助は電気製鋼所の取締役、小野秀一は支配人（木曽福島営業所長）に就任した。

一方、1918（大正 7）年 9 月に名古屋電灯から木曽川水系の電源開発事業および製鉄部を分離し、木曽電気製鉄株式会社（資本金：1,700 万円、本社：名古屋市中区新柳町、製鉄工場：名古屋市南区東築地 5 号地）が設立され、取締役社長に福澤桃介、副社長に下出民義が就任した。同年 10 月に商号を木曽電気興業株式会社に変更し、1921（大正 10）年に木曽電気興業と日本水力株式会社を大阪送電株式会社と合併して、商号を大同電力株式会社に変更した。そして同年 11 月に大同電力から名古屋製鉄所を分離して、大同製鋼株式会社を設立し、名古屋製鉄所は同社築地工場と改称した。

このように第一次世界大戦の戦中戦後にスタートした電気製鋼所はフェロアロイの生産などで好調な経営を始めた。一方、品質優秀な銑鉄を溶製し、わが国初の電気炉製銑の工業化に踏み出した木曽電気製鉄は、戦後の鉄鋼需要の激減、輸入銑の増加などの外圧、数多くの技術的問題が生じ電気製銑を断念した。

2　大同製鋼を大同電気製鋼所と木曽川電力に商号変更

1921（大正 10）年、大同製鋼が大同電力から分離独立し設立された。翌 1922 年、

電気製鋼所は大同製鋼に熱田、木曽福島両工場を現物出資して、製鉄製鋼事業部門を分離継承し、定款を変更して商号を大同電気製鋼所と改称した。同時に、電気製鋼所の電力部門を木曽川電力と変更した。

3　大同電気製鋼所福島工場の沿革

前述したように1918（大正7）年12月に新開地区の第一発電所（新開発電所、出力：1,200kW））が完成した。この新開発電所の運転開始を待って、電気製鋼所福島工場が1919（大正8）年2月に創設され、5月に600kW合金炉2基の火入式をおこなって操業を開始した。

そして、1920（大正9）年に第二発電所（神戸発電所、出力：1,800kW）が竣工すると600kW合金炉3基を増設し、ニューカレドニアからクロム鉱石を輸入して良質なフェロクロム製造を始め、フル操業に入った。

しかし、第一次世界大戦終結後の1921（大正10）年11月から翌年2月にかけてワシントンで海軍軍縮会議が開かれた。その結果、日本経済は不況に陥り、鉄鋼の市況が悪化し、そのあおりを受けて6月、工場の一時閉鎖を断行した。

昭和に入り再び日本経済が活気をおびはじめ、時局の波に乗ってフェロシリコン、フェロマンガンの生産を開始した。この時に行政の福島町に合わせ福島工場と改称した。操業再開後は国内の受注増加、また海外からの受注増加などもあり活況を呈した。また工場の稼働率を向上させるためにも電力不足の無いよう発電所の建設が急がれた。そこで木曽川電力では1937（昭和12）年に日義発電所（出力：1,200kW）、翌年、城山発電所（出力1,350kW）を完工させた。

1945（昭和20）年第二次世界大戦の終戦とともに、連合軍総司令部の軍需産業終止指令で福島工場も操業を一時中止した。

なお、戦前における木曽川電力と大同電気製鋼所福島工場の沿革は、図7-1の通りである。

戦後、福島工場は1948（昭和23）年に操業が開始されることになり、1969（昭和44）年までフェロアロイの生産を続けた。その後、名古屋の築地工場のシェルモールド部門を移設し、シェルモールド部門鋳鋼専門工場として操業、1980（昭和55）年に大同特殊鋼から大同特殊鋳造株式会社に分離独立して操業、2002（平成14）年に株式会社大同キャステイングス木曽工場となったが、同年に閉鎖され1世紀にわたる歴史の幕を閉じた。

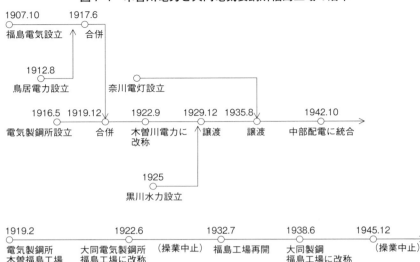

図 7-1　木曽川電力と大同電気製鋼所福島工場の沿革

【参考文献】
『木曽福島町史第一巻・第二巻・第三巻』木曽福島町教育委員会、1983 年。
『黒川村誌』黒川村誌編纂委員会、1982 年。
『奈川村誌』奈川村誌刊行委員会、1992 年。
『上松町誌第 3 巻（歴史編）』上松町誌編纂委員会、2006 年。
『下出民義自伝』東邦学園九十年誌編集委員会、2013 年。
『東邦学園下出文庫目録』愛知東邦大学地域創造研究所、2008 年。
『大同製鋼 50 年史』大同製鋼株式会社、1967 年。
『稿本名古屋電灯株式会社社史』名古屋電灯株式会社社史編集委員会、1928 年。
『東邦電力史』東邦電力史編纂委員会、1961 年。
『中地方電気事業史上巻・下巻』中部地方電気事耀史編纂委員会、2007 年。
『中部の電力のあゆみ第 1 回〜第 3 回資料集』中部産業遺産研究会、1995 年。

愛知東邦大学　地域創造研究所

　愛知東邦大学地域創造研究所は2007年4月1日から、2002年10月に発足した東邦学園大学地域ビジネス研究所を改称・継承した研究機関である。従来の経営学部（地域ビジネス学科）の大学から、人間学部（子ども発達学科〔2014年4月1日より、教育学部 子ども発達学科〕、人間健康学科）を併設する新体制への発展に伴って、新しい研究分野も包含する名称に変更したが、「地域の発展をめざす研究」という基本目的はそのまま継承している。

　当研究所では、研究所設立記念出版物のほか年2冊のペースで「地域創造研究叢書（旧 地域ビジネス研究叢書）」を編集しており、創立以来14年の間に下記27冊を、いずれも唯学書房から出版してきた。

・『地域ビジネス学を創る──地域の未来はまちおこしから』（2003年）

地域ビジネス研究叢書

・No.1『地場産業とまちづくりを考える』（2003年）

・No.2『近代産業勃興期の中部経済』（2004年）

・No.3『有松・鳴海絞りと有松のまちづくり』（2005年）

・No.4『むらおこし・まちおこしを考える』（2005年）

・No.5『地域づくりの実例から学ぶ』（2006年）

・No.6『碧南市大浜地区の歴史とくらし──「歩いて暮らせるまち」をめざして』（2007年）

・No.7『700人の村の挑戦──長野県売木のむらおこし』（2007年）

地域創造研究叢書

・No.8『地域医療再生への医師たちの闘い』（2008年）

・No.9『地方都市のまちづくり──キーマンたちの奮闘』（2008年）

・No.10『「子育ち」環境を創りだす』（2008年）

・No.11『地域医療改善の課題』（2009年）

・No.12『ニュースポーツの面白さと楽しみ方へのチャレンジ──スポーツ輪投げ「クロリティー」による地域活動に関する研究』（2009年）

・No.13『戦時下の中部産業と東邦商業学校──下出義雄の役割』（2010年）

・No.14『住民参加のまちづくり』（2010年）

・No.15『学士力を保証するための学生支援——組織的取り組みに向けて』(2011 年)
・No.16『江戸時代の教育を現代に生かす』(2012 年)
・No.17『超高齢社会における認知症予防と運動習慣への挑戦——高齢者を対象としたクロリティー活動の効果に関する研究』(2012 年)
・No.18『中部における福澤桃介らの事業とその時代』(2012 年)
・No.19『東日本大震災と被災者支援活動』(2013 年)
・No.20『人が人らしく生きるために——人権について考える』(2013 年)
・No.21『ならぬことはならぬ——江戸時代後期の教育を中心として』(2014 年)
・No.22『学生の「力」をのばす大学教育——その試みと葛藤』(2014 年)
・No.23『東日本大震災被災者体験記』(2015 年)
・No.24『スポーツツーリズムの可能性を探る——新しい生涯スポーツ社会への実現に向けて』(2015 年)
・No.25『ことばでつなぐ子どもの世界』(2016 年)
・No.26『子どもの心に寄り添う——今を生きる子どもたちの理解と支援』(2016 年)
・No.27『長寿社会を生きる——地域の健康づくりをめざして』(2017 年)

　当研究所ではこの間、愛知県碧南市や同旧足助町（現豊田市）、長野県売木村、豊田信用金庫などから受託研究や、共同・連携研究を行い、それぞれ成果を発表しつつある。研究所内部でも毎年 5 ～ 6 組の共同研究チームを組織して、多様な角度からの地域研究を進めている。本報告書もそうした成果の 1 つである。また学校法人東邦学園が所蔵する、9 割以上が第 2 次大戦中の資料である約 1 万 4,000 点の「東邦学園下出文庫」も、2008 年度から愛知東邦大学で公開し、現在は大学図書館からネット検索も可能にしている。

　そのほか、月例研究会も好評で、学内外研究者の交流の場にもなっている。今後とも、当研究所活動へのご協力やご支援をお願いするしだいである。

執筆者紹介

森　　靖雄（もり やすお）／愛知東邦大学地域創造研究所顧問（はじめに担当）

朝井佐智子（あさい さちこ）／愛知淑徳大学非常勤講師（第1章担当）

高木傭太郎（たかぎ ようたろう）／元愛知東邦大学講師（第2章担当）

真野　素行（まの もとゆき）／名古屋市市政資料館調査協力員（第3章担当）

木村　直樹（きむら なおき）／郷土研究家（第4章担当）

中村　康生（なかむら やすお）／愛知東邦大学総務部広報課職員（第5章担当）

青山　正治（あおやま まさじ）／産業技術史名古屋研究所所員（第6章担当）

寺沢　安正（てらざわ やすまさ）／中部産業遺産研究会顧問（第7章担当）

地域創造研究叢書No.28

下出民義父子の事業と文化活動

2017年10月25日　第1版第1刷発行　　　※定価はカバーに
　　　　　　　　　　　　　　　　　　　　　表示してあります。

編　者──愛知東邦大学　地域創造研究所

発　行──有限会社　唯学書房

　　　　　〒101-0051　東京都千代田区神田神保町2-23　アセンド神保町302
　　　　　TEL　03-3237-7073　　FAX　03-5215-1953
　　　　　E-mail　yuigaku@atlas.plala.or.jp
　　　　　URL　https://www.yuigakushobo.com

発　売──有限会社　アジール・プロダクション

装　幀──米谷　豪

印刷・製本──中央精版印刷株式会社

ⒸCommunity Creation Research Institute, Aichi Toho University
2017 Printed in Japan
乱丁・落丁はお取り替えいたします。
ISBN978-4-908407-13-0 C3321